一流の人間力

井上裕之

Discover

はじめに

人間力を磨けば、後悔のない、価値ある人生が送れる

「一生懸命頑張っているのに、なぜか評価されない」

「自分は要領が悪いのかも」

「ビジネススキルをいろいろ身につけているけど、あまりうまくいかない」

「『コスパ』『タイパ』というけれど、どうも自分の性には合わない」

「能力よりも愛嬌が大事？」


そんなふうに考えているのなら、ぜひ、本書を読んでください。

限られた時間のなかで、効率を重視することは大切です。細かなスキルを身につけ

ていくことも、ビジネスでは必要でしょう。ですが、私自身は、その前に高めてほしい、もっと大切なものがあると考えています。それが、「人間力」です。

私が考える人間力とは、

「社会で価値ある人生を生きるための総合力」

のことです。

たとえば、メジャーリーグで活躍する大谷翔平選手は、人間力が相当高い人といえます。それは、誰もが認めるところかもしれません。

彼は、高校生のときに書いた「目標達成シート」に、「8球団からのドラフト1位指名」という目標を達成するための要素の一つとして「人間性」を挙げていました。長い間、人間性を意識してきたことが、今の彼をつくり上げたのでしょう。

こう書くと、「大谷選手のように人間力を高めるなんて、私にはムリ」という声が聞こえてきそうです。

ご安心ください。人間力は、大谷選手ならずとも、だれもが身につけられますし、身につけるべき基本的な生きる力です。

本書では、実際に私が実践したり、国内外を問わずに、多くの方から学んだりしてきた「人間力を高める7つの習慣」についてお伝えします。

決して難しくはありません。

高い人間力が身につけば、人生は次のように変わっていきます。

- 人間関係がうまくいく
- 人から好かれ、仕事に恵まれる
- 経済的に豊かになる
- 人間関係のストレスから解放されるので健康になる
- 人生が楽しくなる
- 問題に気づいたときに解決できる
- 人から応援してもらえる

人間力を高める7つを習慣化する

人間力は「総合力」と言いましたが、高めるためには、みなさんがもともと持っている力を伸ばす必要があります。そのために有効なのは、次の7つの習慣を身につけることです。

①「素直さ」の習慣
②「学び」の習慣
③「自責」の習慣
④「礼儀礼節」の習慣
⑤「立ち直る(失敗)」の習慣
⑥「自愛」の習慣
⑦「成長」の習慣

①「素直さ」の習慣

７つの習慣の中で最も大切なのが、この「素直さの習慣」です。

人と接するとき、何かを学ぶとき、人の話を素直に受け入れられていますか？

気持ちを素直に表現することができますか？

私は、世の中に本当に素直な人は４％しかいないのではないかと思っていますが、これは実にもったいないことです。

たとえば、年齢を重ねてくると、自分の観念が強くなり、人の話を素直に聞くことができなくなるという話をよく耳にします。せっかく、いい話を聞いても、素直にならないと、受け入れられないので損をします。

上司や先輩、信頼している人の意見や教えは、絶対に違うと確信が持てるとき以外は、まずは、素直に聞いて行動に移してみる。そのうえでうまくいかないのであれば、「やってみましたが、うまくできませんでした。こんなふうにやってみるといいかと思ったのですが」と提案してもいいでしょう。端から相手の意見を否定してしまうと、人間関係はうまくいきません。素直に聞いていれば、上司や先輩から引き上げてもらえます。

年下の人の意見にも耳を傾け、取り入れたほうがいいと思うところは、取り入れていく。すると、人生は豊かになっていきます。

多様化している現代は、一つのものさしではなく、いくつものものさしで考える必要があります。自分の考え方に固執してしまうと、生きづらくなってしまいます。かといって、自分の気持ちに蓋をして、人の意見ばかりを聞いていては、自分がなくなってしまいます。だからこそ、いまの時代、人間力を高めるために「素直さ」が大切なのです。

②「学び」の習慣

「学び」は成長に欠かせないキーワードです。いつも謙虚な気持ちで学ぶ姿勢をもち続けると成長できますし、真摯な学びの姿勢は信頼感にもつながります。

もし、その道のプロである「先生」から学ぶのであれば、先生が薦める本にはすべて目を通し、教えてもらったことは、すべて自分の中に取り入れる。それこそが学びです。

ここにも素直さが必要です。「先生はそう言うけれど、本当なの？」と最初から疑っていては、身につきません。教えてもらったことは素直にいったん受け入れる。そのうえで、疑問があれば、質問をする。そのほうが学習効果は高まります。

また、資格を取る場合は、初級・中級・上級とあるのなら、上級まで取ることです。初級でやめるぐらいなら、最初から受けないほうがいい。上級まで取ることで見えてくる景色があるし、資格のよさがわかってくることがあります。

仕事に直結する資格の場合、人はどうしても上級の資格をもっている人のほうを信頼する傾向があります。いろいろな資格の初級をもっているよりも、一つの資格を極めるほうが、人間力がつき、人生で生かせます。

③「自責」の習慣

「どんなことも自分に関わりがある」「すべてのことは自分によって起こされた」と考えるのが「自責」です。

自分にも「関わりがある」「責任がある」と考えると、自分なりの解決策を探そうとします。自責思考は高い人間性の表れです。

たとえば、パートナーの機嫌が悪く、話しかけたことに対して、何も返事がなかったとします。多くの人は「なんで、返事しないの？」と問い詰めるかもしれませんが、自責の習慣がある人は、「考えごとをしているときに、話しかけちゃってごめんね。またあとで話そう」と言えます。

こうした対応力が身につけば、人間関係がこじれることが少なくなります。自分の責任として問題の解決ができるようになれば、生きるのがラクになります。

④「礼儀礼節」の習慣

きちんとあいさつをしたり、相手が喜ぶことを察知して、さりげなく心のこもった気づかいをする習慣は、人間力の基本といってもいいでしょう。

当たり前のことであり、簡単にできることですが、礼儀正しい人は、どこに行っても好感をもたれます。礼儀礼節ができていると、第一印象がよくなるからです。

当たり前のことができていない成功者を、私は見たことがありません。しっかり身につけましょう。

礼儀礼節を身につけていないだけで、人間関係がぎくしゃくするのは実にもったいないです。

⑤「立ち直る（失敗）」の習慣

失敗は悪いことではありません。とくに新人であれば、失敗するのは当たり前です。好ましくないのは、「失敗したまま」でいたり、「失敗」を次に生かさないことです。失敗からすぐに「立ち直る」習慣を身につけておくと、すぐに「次へ」行けますし、前向きに生きることができて、ラクになります。

⑥「自愛」の習慣

自分を大切にする習慣です。自分と向き合い、自分にとって何が嬉しいか、何が大切かを知る。すると、他人に対しても「相手が喜ぶこと」ができるようになります。自分を大切にすると、他人も大切にできるようになります。人間力の高い人は、自分も他人も大切にしています。

⑦「成長」の習慣

成長は、私自身がとても大切にしているキーワードです。
成長というと、大変なこと、難しいことを考えてしまうかもしれません。私自身は、ほんの1ミリの成長でもいいと思っています。人と競うのではなく、ちょっと前の自分と比べて、少しでもよくなっていれば、いいと思います。

なぜ、成長を大事にするのか。理由の一つは、単純に嬉しいからです。成長は私の喜びです。もう一つは、成長すると可能性が広がるからです。知らなかったことをどんどん覚え、できるようになると、人生が開けてきます。

みなさんにも、ぜひ、身につけていただきたい習慣です。


本書では、この7つの習慣についての考え方や心構えに加え、日常生活でこれらの力を高める実践的な内容も含んでいます。

ぜひ、身につけて、みなさんの人間力を高めてください。

いかに優れた技術を身につけたとしても、最終的にものをいうのは人間性です。人にも仕事にも恵まれる価値ある人生を生きるために、「人間力の高い人」を一緒に目指していきましょう。

井上 裕之

一流の人間力

目次

第1章　「素直さ」の習慣

第2章 「学び」の習慣

第3章 「自責」の習慣

第4章 「礼儀礼節」の習慣

第5章

「立ち直る（失敗）」の習慣

第6章 「自愛」の習慣

第7章 「成長」の習慣

購入者限定特典

人間力を高めるための原理原則を学ぶ
「読書案内」

本書の第２章では、人間力を高めるための
「学びの習慣」についてお伝えいたしました。
人生の原理原則を学ぶために、ぜひともみなさんに
読んでいただきたい本がたくさんあります。
その中から厳選したものを
「読書案内」としてまとめました。
ぜひ、気になったものから読んでみてください。

特典はこちらからダウンロードできます

ユーザー名
discover2948

パスワード
humanity

https://d21.co.jp/special/humanity/

第1章

「素直さ」の習慣

「ありがとうの価値」は、素直さで決まる

「人間力」がある人の特徴の一つが「素直」です。

素直とは、相手が言ったことをそのまま受け入れる。人に逆らわないことです。

素直さがあれば、チャンスがつかめ、可愛がられ、知らなかった世界を見ることができます。

多くの方と接してきて「素直さ」を感じるのは、次のようなときです。

- 気持ちよく「はい」「わかりました」と返事を返してくれたとき
- 心のこもった感謝の言葉（＝ありがとう）を受け取ったとき

ポイントは、「気持ちよく」と「心のこもった」の2点です。

コミュニケーションにおいて、言葉を口に出すこと自体、大切です。いくら心の中で思っていても、形にしなければ伝わらないからです。仲のよい友人同士や家族など、気心の知れた人同士であれば、以心伝心で伝わるケースもあるでしょう。しかし、基本は率直に形にする（＝言葉にする）ことです。確実に伝わります。

その際、相手の心にまで言葉を届けられると、相手に感動を与えることができます。感動とは相手の心を動かすこと。心を動かすには、自分が発する言葉に心をのせることが大切です。「気持ちよく」「心を込めて」言葉を発するのです。


素直さが最も表れるのは、感謝の気持ちを伝えるときでしょう。

その際に使われる代表的な言葉が「ありがとう」です。

「ありがとう」は、心を込めて伝えたときに初めて価値が出ます。たった5文字ですが、きちんと伝えられる（＝心を込めて伝える）だけで、人生が変わります。

「ありがとう」は、相手との関係を良好にする魔法の言葉だからです。

「ありがとう」と言われて、いやな気持ちになる人はいません。

「ありがとう」を言うだけで、好感をもってもらえる可能性は高いでしょう。

そこに、心が込められていると、相手は感動し、「あぁ、こんなに喜んでくれた。やってあげてよかったな。また何かあれば、助けてあげよう」と思ってくれるかもしれません。

大切な人との別れをイメージして「ありがとう」を言ってみる

ではどうすれば、心のこもった「ありがとう」が伝えられるのでしょうか。

相手の顔を見ないで、ぶっきらぼうに「ありがとうございます」と言ったらどうでしょう。感謝の気持ちは伝わるでしょうか。

暗く低い声で「ありがとうございます」と言ったら、相手はどう感じるでしょう。

「ありがとう」を口グセのように言えるのは悪いことではありませんが、心のこもらない、通り一遍の「ありがとう」は相手の心を動かしません。

私は研修医たちに教える機会があるたびに、「常に感謝の気持ちを伝えられる人になろう」「心を込めて『ありがとう』と言える人になろう」と必ず伝えています。

患者さんや患者さんのご家族、クリニックのスタッフと円滑なコミュニケーションが取れて初めていい治療ができます。円滑なコミュニケーションで不可欠なのが、「ありがとう」の言葉です。

教えるときに、「『ありがとう』を100回言ってみて」と実際にやってもらうこともあります。

リアルな場面ではないせいか、心を込めて言うのは難しいようです。OKを出せるレベルまではなかなか到達しません。そんなとき、私はこう言います。

「両親や親友、恋人など、大切な人との最後の別れで感謝を伝えるとしたら、どんなふうに『ありがとう』を伝える?」

すると、研修医たちはピンとくるようで、心のこもった「ありがとう」を言えるようになります。何度もこのシーンをイメージして「ありがとう」を繰り返し口にすると、いつでも心を込められます。

心を込めることができたら、体をまっすぐに相手に向けて、「ありがとう」と言います。これが、パーフェクトな「ありがとう」です。

完璧な「ありがとう」を言える人は、意外と少ないものです。パーフェクトにできれば、必ず、相手を感動させることができ、強烈な好印象を与えられます。

注意を受けたときほど「ありがとう」を欠かさない

「ありがとう」と感謝の言葉を口にするのは、どんなときでしょうか。

贈り物やメールを受け取ったとき、ご馳走してもらったときなど、何か「嬉しいこと」をしてもらったときを思い浮かべる人が多いと思います。

でも、もっと大切なシーンがあります。上司や同僚、親など、人に注意されたときです。何の根拠もなく怒られたり、理不尽なことで注意を受けたりしたときは別です。

しかし、自分の至らなさゆえのミスに対する注意は、直すことで必ず「成長」につながります。「成長のために注意してくれている」イコール「(よくよく考えれば)嬉しいこと」ですから、感謝をするのが当たり前です。

「注意してくださって、ありがとうございます」と伝えましょう。

上司や先輩は、注意をした後輩から素直に「注意してくださって、ありがとうございます」と言われれば、「もっと成長させてあげたい」「もっと伸ばしてあげたい」と思うものです。注意されたときの素直な「ありがとうございます」は、成長を加速させます。

「ありがとう」は、いまを大切に生きることにつながる言葉

「なぜ、『ありがとう』という言葉がそんなに大切なのですか?」と聞かれることがあります。

「ありがとう」という言葉の語源は「有り難し」で、「ありえない」ことが重なって与えられた、「命の尊さに感謝して生きる」という教えから生まれた言葉である、という説があります。

ジョセフ・マーフィーは「『ありがとう』という言葉には、奇跡を生み出すとてつも

ない力がある」と言っています。

また、私は、尊敬する中村天風先生の言葉を『【1日1分中村天風】人生のすべてをつくる思考』（青春出版社）にまとめたことがありますが、天風先生も「すべてに感謝の心を持つことが人間力を高める」とおっしゃっています。

蛇口をひねれば水が出るのは当たり前ではありません。世界に目を向ければ新鮮な水が飲めずに困っている人がたくさんいます。

目の前のどんなことでも、感謝の気持ちをもつと、いとおしくなりますし、大切にしたくなります。人との関わりに感謝の気持ちをもつと、一瞬一瞬の時間を大切にするようになります。

感謝の気持ちをもつことは、「いま」を大切に生きることにつながるのです。

「素直に受け入れる」と自然に成長できる

私は、一流の人間力を身につけ、価値ある人生を送るため、日々、よりよくなりたいと思っています。そのため、私の無意識のキーワードは「成長」です。

誰と一緒にいるか、どういう仕事をするか、どんな本を読むか、などあらゆる行動は「成長する」かどうかが決め手になっています。

成長したいと思うと、あらゆる場面で自分が謙虚でいること、素直でいることが大切になってきます。

自分を成長させてくれる相手というと、一般的には年上の方を思い浮かべるでしょう。でも私は20代の人とも付き合います。彼らのビジネスを見ると、コミュニティをつくったり、インスタライブをやったりして、うまく集客をしていて感心します。私は「こういうふうにするんだ」と素直に受け入れ、取り入れています。

携帯電話もバージョンが大きく変わるときは、必ず、買い替えています。

若い世代の方法や新製品を素直に受け入れることは、「いま」という時代を受け入れることにほかなりません。

自分が知らない領域の人とも、できるだけ一緒にいるようにしています。

新しいもの、異なる領域の人（医療業界以外の人など）に親しんでいくことで、多様なものの見方ができて、自分の器も大きくなります。なによりも成長できるのです。

自分の中にないものをあえて選択する

自分が選択したいと思うものだけを選ぶことは、成長を止めることにつながります。

和食が大好きだからと、和食ばかりを食べていては、さまざまな味の世界を知ることはできません。和食が大好きだけど、あえて、自分の選択肢にはまったくなかった中東の料理を食べてみる。すると「中東の料理も意外と美味しい」ことがわかり、自分の食に関する器が広がります。

自分の中にないものを選択し、素直に受け入れることが成長につながるのです。

多くを学んできて無意識に「成長」というキーワードが刻まれているために、私は自然と「素直に受け入れる」ことができていると思います。

素直に受け入れることで、少しずつ変容しています。自分の中になかった考えを受け入れ続けることで、変わり続けて（成長して）いると感じています。

多くの人は「素直」であっても受け流しているように思えます。

新しい携帯電話が出ても、「新しいのが出たんだね」と受け流す。すると行動（受け入れること）にはつながりません。買わないまでも、興味をもって、どんな携帯電話なのか調べるだけでもいいと思います。

学べるポイント、成長できるポイントがある事柄や、信頼している人からの言葉は、素直に受け入れることを、まずは意識してみましょう。

「スゴイ！」と思ったことや人は、100％受け入れていい

思考力の本には、「聞いたことや言われたことを鵜呑みにせずに、疑いなさい」とよく書かれています。

インターネット・ＡＩが発達して、いまでは情報はすぐにタダで手に入れることができます。しかしながら、根拠のないものや情報の出所がわからないものも少なくありません。デマやフェイクニュースもあふれています。

現代社会では、自分で考えて判断する力が不可欠です。そのために、「疑う」ことが必要になってきます。

私も論文を書いたり、研究を進める際には、「これは本当に正しいことなのか」と「疑い」検証します。

ただし、すべての学びの過程で疑いをもっているわけではありません。情報の出所が信頼できる文献だったり、教授だったり、身近な人だった場合は、「そうなんだ」といったん素直に受け入れます。

受け入れたうえで、研究を進め、途中で疑問が出てきたら質問をする、という流れです。

すべてを一つひとつ疑っていては、前に進むのが遅くなります。

お金を払ってセミナーに参加して、「先生、質問があります。それは、どういう知見からおっしゃっているんですか」といちいち疑い、逐一質問していたら、講義が進まず、ほかの参加者にも講師にも厄介な人だと思われます。

ビジネスでも同様です。

たとえば、上司の言うことを常に疑って、「そのやり方は本当に正しいんですか？」「根拠は何ですか？」と聞いていたら、間違いなくいやがられるでしょう。

いい加減な上司であれば話は別ですが、組織にいるのであれば、上司の話は素直に聞いて、やってみるのが基本です。

上司が営業のやり方を教えてくれたのであれば、まずはその通りにやってみる。うまくいかないのであれば、そのときに上司に質問をします。

人間関係がスムーズになりますし、自分の成長のスピードも速くなります。

「結果が出ない」のは、自分の頭の中が「結果が出ない」スペック（仕様書）になっているからです。であれば、「結果の出ている人」から教えてもらい、「結果が出る」スペックに変えていく必要があります。

「うまくいっていない。なんとか好転させたい」のであれば、自分のそれまでの観念を捨てることです。

私は、実績や社会性を見て「スゴイ！」と思った人の言動は１００％受け入れます。疑うのは遠回りだと感じるからです。

経営の神様といわれた松下幸之助も、成功するには「素直な心」を大切にしなければならない、と語っています。

素直な心の要素として、「私心にとらわれないこと」「誰に対しても謙虚に耳を傾けること」「学ぶこと」などを挙げています（「松下幸之助.com」より）。

変わりたければ自己投資する

しかし、素直に受け入れて、変わろうとするのは簡単なことではありません。過去の習慣を変えるのは難しいからです。

人には元々の自分を大切にする（元に戻ろうとする）習性があります。これは生命維持のために備わった性質です。けがをしたら、意識しなくても、治ろうとして傷口が塞がってくるのと同じです。

とりわけ、意志が弱いとなかなか変わることはできません。

では、どうしたら自分を変えられるのか。

そのための方法は「自己投資」です。

自分を変えることに投資をしている人は、変わっていきます。自分を変えたいけれど、なかなか変えられない人は、自己投資を検討するといいでしょう。何かを得たければ、変わりたければ、代償を差し出すことが大切です。

私が自己投資の中で、特に効果が高いと思うのは、有料セミナーへの参加です。私自身、これまでに1億円以上をセミナー等の学びに投資し、自分を変え続けてきました。有料セミナーは、お金をかけている分、学ぶ側のモチベーションが上がりますし、「何かを得たい」「成長したい」という意識の高い人ばかりが参加していますので、影響も受けます。成長意欲が高まるのです。

有料セミナー以外にも、学校に通ったり、個人コンサルを受けたりと、自己投資の方法はいろいろあります。ワンランク上のレストランに行ったり、ホテルに泊まったりするのもいいですね。上質なサービスやホスピタリティに触れることで、新たな世界を知ることができます。

本選びのポイントは2つ

手軽にできる自己投資の一つが読書ですが、どのように本を選べばいいかわからないという人も多いと思います。

本を選ぶときに大切なことは2つです。

①著者に社会的な信頼感があるか
②著者がいま現実を動かしているか

「いま現実を動かしている」というのは、結果を出し、周りからの信頼を得ているという意味です。

私は、著者のプロフィールを読み、この2点があるかどうかで、読む価値があるかどうかを判断するようにしています。

素直に受け入れることは大切ですが、誤った情報を鵜呑みにしないための判断は必要です。

素直に行動できないときは、「面倒くさい」と思っていないか疑う

身近な人、信頼している人から頼まれたこと、言われたことは、素直に受け入れる。この行動が成長につながります。

家族から「ゴミを出してもらえる?」と頼まれたら、「いいよ」と答えて出しにいく。トレーニングジムのトレーナーから「週に2日はジムでトレーニングをしてください。そうすれば、体形を維持できます」とアドバイスを受けたら、素直に受け入れて、愚直なまでに週2日のトレーニングを守る。

私は、自分がより成長できると思うことは、「素直に受け入れる」をモットーに生きてきました。

成長とは、よりよくなっていくことです。歯科医師として腕を磨き続けていたいし、人間性を磨いて成長していきたいと考えています。

なぜ、○○さんと一緒にいるのか。成長できるから。

なぜ、アメリカに留学したか。成長できるから。

なぜ、言われたことを受け入れるのか。成長できるから。


成長すると、多くの人に支持されますし、信頼が得られます。

腕を磨くために学び続けて成長している歯科医師のほうがいいと思っています。

人から頼まれたことを素直に受け止めて行動に移すことは、人間力を高めることにもつながります。人間力が高い人のほうが豊かな人生が送れます。

「面倒くさい」と思う前に行動する

素直に行動をする際、邪魔をしてくる思考があります。

「面倒くさい」と「損得勘定」です。

「面倒くさい」という感情を起こさせない方法は2つあります。

一つは、**すぐに行動を起こすこと**です。

家族から「ゴミを捨ててきて」と頼まれたときに、「面倒くさいな」と思って「自分で捨ててよ」と返すと、頼んだ家族も自分も気分が悪くなります。「面倒くさい」という感情が起こる前に、「いいよ」と言って、さっと立ってゴミを捨ててくれば、頼んだほうは「ありがとう」と感謝をするでしょうし、頼まれたほうは感謝をされて気分がよくなります。

頼まれたときに、深く考えず素直に「いいよ」と返事をして、すぐ行動に移してしまえば、「面倒くさい」感情は出る幕がありません。

目的を明確にしていると「面倒くさい」がなくなる

「面倒くさい」という感情を起こさせない、もう一つの方法は、**目的を明確にしておくこと**です。

私は、出版の打ち合わせやセミナーがあるので、週の前半は自宅やクリニックのある帯広で過ごし、後半は東京のホテル住まい、という生活を30年近く続けています。東京に来ているときには、3回ジムに通っています。このトレーニングは欠かしません。

「『面倒くさい』とか『今日は休みたい』と思うことはないんですか?」とよく聞かれます。答えは決まっていて、「もちろん、あります」。

多くの人と同じように「今日はだるいから、行きたくない」という気持ちがチラつくことはあります。でも、休みません。

トレーニングをする目的が明確だからです。

一つは健康な体を維持するため。もう一つは人前で講演をするときに、自分が目指す体形でいるためです。「トレーニングをやった先に自分が理想とする体が手に入る」とわかっています。

たとえ、新型コロナウイルス感染症が流行している時期で講演の仕事がないときであっても、声がかかったときにいつでも万全の体調、スタイルで登壇できる自分でありたい。だから、トレーニングを続けていました。

目的が明確であればあるほど、「面倒くさい」と思うことはなくなります。

たとえば病気やけがをしたとき、定期的に薬を飲んだり、リハビリをしたり、病院に通ったりするのは面倒くさいと思われる人がほとんどでしょう。でも、面倒でもみなさん続けると思います。特に重度な症状であるほど。

それは治りたいからです。生きたいからです。はっきりとした目的があるから、元気になるまで続けます。

目的がはっきりしていれば、「面倒くさい」とは言っていられません。私もそうして行動しています。

もし、何かをするのが「面倒くさいな」「もうやめたい」と思ったら、目的までさかのぼって考えてみましょう。

「プレゼン資料を作るのが面倒くさいな」と思ったら、「何のためにプレゼン資料を作っているのか」「何のために仕事をしているのか」目的を考えてみる。

「資格試験の勉強をするのが面倒くさいな」と思ったら、「何のために勉強をしているのか」「何のために資格を取るのか」目的を考えてみる。

原点（＝目的）に戻ると、たいていの「面倒くさい」は消えるはずです。

「成功したいなら目的（理由）を明確にしなさい」と多くの本に書かれていますが、これは真理なのです。

明確な目的は、強い動機付けになります。何かを達成するときの強い原動力になります。

「面倒くさい」「やめたい」と思い、本当に投げ出してしまうのは、目的があいまいであることが多いのです。

損に思えても、ムダに思えても、愚直に素直に

素直に行動をする際に邪魔をしてくるもう一つは「損得勘定」です。

損得勘定とは、自分の目先の利益ばかりを追求することです。

人に言われたことに対して、「それをやったら、自分にとって損なのでは？」「それってムダなことじゃない？」と考えてしまう。

すると、素直に動けなくなります。何かを頼まれても断ることが増えたり、アドバイスに耳を傾けられなくなります。

損に思えても、ムダに思えても、愚直に、素直に行動することが大切です。

私が大学院生のときのことです。論文を教授に読んでもらいたくて3、4時間かけて、出張先まで追いかけていったことがあります。仕事の合間に教授は5分ほど目を

通してくれました。そんなことをする学生はほかにいなかったので、教授の目に留まったかもしれません。

一見するとムダに思えます。しかし、私自身は、早く教授に見てもらいたい、という自分の気持ちに素直に従って行動しただけで、少しもムダだとは思いませんでした。多くの「ムダ」を重ねた結果、どうなったか。私はほかの人より早く大学院を修了できました。

利他の精神で考え行動していると、人から好かれる

目先の「得」しか目に入っていないと、結果的に「損」をします。

損得勘定で動いている人は、見ていればわかります。

医療業界でも「この教授と一緒にいたら役職がもらえるかもしれない」「自分を引き上げてくれそう」と、損得で人との付き合いを考えている人がいますが、実際にうまくいくかは別問題です。

私は60年生きてきましたが、損得勘定でものを考え、行動している人で、実際に得

をしている人を知りません。

「あの人は損得で生きているね」と思われてしまうのは、イメージがよくありません。何かを成し遂げるときは、人からの応援が必要です。損得で生きていると、人が離れていき、応援されません。結局、目的を成し遂げることができず、「損」になります。

自分の利益ではなく、相手が得する思考、つまり、利他の精神で考え、行動している人は、人から好かれます。人から好かれるということは、ビジネスであれば、お客さんから好かれるでしょうし、プライベートでも、困ったときに人から助けてもらえますから、結果的には「得」をします。

成長できるかを人付き合いの判断にする理由

その人と付き合うかどうかを、自分が成長できるかどうかで判断することもあります。これは一見、損得で考えているようにも受け取れます。

しかし、必ずしもそうではないのです。

なぜなら、「成長する」ということは、人間力や教養を高めることが目的であり、相手に損失を与えたり、得をしようとしていることではないからです。また、双方の価値や魅力を通じて成長するというもので、お互いに損得のない関係です。

「教えるということは、最大の学びになる」という考えもあるため、むしろ、お互いに得を与え合えるともいえます。

第1章

「素直さ」の習慣 アクションリスト

- 素直に受け入れる
- 気持ちよく、心を込めて、体をまっすぐに相手に向けて「ありがとう」と言う
- 注意されたときは、素直に「ありがとうございます」と応える
- 自分の中にないものをあえて選択する
- 自己投資する
- 「面倒くさい」と思う前に行動する
- 目的を明確にする
- 利他の精神で考え行動する

第2章

「学び」の習慣

学ぶ内容は、年代に合わせて変える

ひと口に「学ぶ」といっても、20代、30代、40代で、学ぶべきものは異なってきます。世代ごとに次の内容を学ぶとよいでしょう。

①20代……自分の専門分野のベースとなる知識を身につける
②30代……専門以外の足りない知識を学ぶ
③40代以降……後半人生に必要な知識を学ぶ

①20代……自分の専門分野のベースとなる知識を身につける

自分の専門分野の知識とスキルを学びます。営業であれば、営業の知識とスキルを学ぶ。経理だったら、経理の知識やスキルを学びます。

知識やスキルをもって働くことで社会的役割を果たせます。極端にいえば、歯科医師なのに歯科の知識やスキルがなければ、患者さんは集まらず、治療どころではありません。歯科医師としての役割を果たせません。どんな職業でも同じです。必要な知識、スキルを着実に身につけていきましょう。

②30代……専門以外の足りない知識を学ぶ

30代になると、専門の知識やスキルだけでは足りません。専門以外で必要だと思う力を養う時期です。仕事の分野によって補う力は異なります。

私の場合は、歯科医院を開業していましたので、マーケティングやマネジメント力の必要性を感じ、学び始めました。

自己点検して必要だと思う力を、本や動画からどんどん学びましょう。

③40代以降……後半人生に必要な知識を学ぶ

40代は人生の折り返しです。人生を振り返って、仕事、人との関わり、経済面などで足りないと思うところを見つけて、後半人生を豊かにするための行動、学びをすることが大切です。

50代になると、親の介護が必要になるケースも増えてきます。40代のうちから、リタイア後の自分の生活について、住まい、経済面、仕事についてどうするかを考えたうえで必要な学びをします。

どの世代でも学ぶべきは人間力

どの世代の人にも学んでほしいのが本書のテーマである「人間力」です。仕事上の自分の専門が定まっていない場合、やるべきことがわかっていない場合には、特に大切です。

人間力は業種や職種が変わっても必要とされます。いわば、ポータブルスキル（持ち出し可能な能力）といってもいいでしょう。

私が日常生活で人間力が高いと感じる人は「明るい」「人柄がいい」「素直」「信頼感がある」人です。

誰にも負けない飛び抜けた能力がある場合は、多少人間力が低くても仕事で必要とされるし、チャンスをつかめるでしょう。しかし、多くの人はそうではない。であれば、人間力を高めましょう。

人間力が高い人は、チャンスをつかみやすいのです。

たとえば、転職です。いくら仕事ができたとしても、気難しかったり、信用ができない人であれば、採用は難しくなります。

そういう人とは仕事をしたくない、と思うのが人間の情でしょう。

私の歯科医院でも、結果的に素直で人柄のいい人が選ばれるし、長く働いています。人間性のベースができている人の場合、知識やスキルは、教えればどんどん身についていきます。ところが素直さがないと、いくらこちらが伝えても、なかなか前に進みません。スキルよりも人間性が大事である理由の一つが、ここにあるのです。

また、明るくて人柄がよいと人に好かれます。信頼され、応援してもらいやすくなります。素直さがあって、周囲からの応援もあれば、どんどん成長していけます。そこに成功する思考が加われば、成長のスピードも速まります。

いざやりたいことが見つかったときに、人間性を磨いていれば、採用されやすくなるし、仕事での成長も早くなります。

人間性を高めるには、本書の7つの習慣を身につけることに加え、基本は本からも学べます。

哲学書、自己啓発書、コミュニケーションの本などがいいでしょう。

なお、本書では、購入者限定特典として、「読書案内」を用意しました。取り上げたのは、人間力を高めるためにぜひとも読んでいただきたい本ばかりです。価値ある生き方のために大切な原理原則を学ぶことができます。

詳しくは24ページ（目次のあと）をご覧ください。

学びの価値を最大化したいなら、いったん自分を捨てる

「授業やセミナーを受ける」とき、学びを最大限価値あるものにする方法があります。受講しているときに「俺だったらこうするのに」「私はこう思う」という思考を捨てることです。学びの対象に集中して講師の教える内容をいったんすべて受け入れます。「この先生の専門知識を学び取ろう」「自分にないものをすべて身につけよう」という姿勢で受講してこそ、学びの時間の価値が高まります。

ニューヨーク大学でのことです。

そこでは短期間のインプラント歯周治療プログラムが用意されていて、世界の歯科治療の最新技術を学べます。レクチャーをするのは各分野のプロフェッショナルたちです。私はプログラムを受けにくる日本人歯科医たちをとりまとめるリーダーをして

いました。その際、ガイダンスでは次のような話をしました。

「○○先生のトピックスは、□□という技術が世界的に認められています。そこに集中して勉強してください。フォーカスする場所を決して間違えないでください」

フォーカスする場所を間違えると、せっかくの学びの機会をものにできないからです。

たとえば、ペリオ（歯周病）専門の先生がスライドを見せながら歯茎の説明をしているのに、「かぶせもの（虫歯などの治療の際に強度を強めるために歯を覆うもの）がきれいじゃない。この先生の治療はどうなんだろう？　俺だったらもっときれいにやるのに。この先生の授業は聞く価値がない」という見方をしてしまう。

このように、人は意識しないと、自分のものさしで、ものを見てしまいます。

先生としては、フォーカスしている部分がいちばんわかりやすいという理由で、そのスライドを選んでいる場合もあります。

フォーカスする場所を間違えて、さらに「俺だったら」という思考が出てきて、「聞く価値がない」とシャッターを下ろしてしまうと、せっかくの学びの機会を失うことになります。とてももったいないです。

もし、専門分野に関して疑問があるのなら、レクチャーが終わったあとで質問をすればいいのです。

もう一つ例をあげましょう。

100万部のベストセラーの本があったとします。

「どうしてベストセラーになっているのかな」と興味をもったAさんとBさんがいました。

Aさんは、「誰もが知っていることしか書かれていない。私のほうがもっと上手に書ける。もう読むのをやめよう」と数ページだけ読んで本を閉じました。

Bさんは、最後まで読み切って「誰もがわかるように、平易な言葉で綴られているから、多くの人に受け入れられているんだ。だから共感を生むんだ」と自分なりに結論づけました。

AさんとBさん、どちらが価値ある学びとなったのでしょうか。

答えは簡単ですね。Bさんです。

「どうしてベストセラーになっているのか」が知りたいのですから、「私だったらこうするのに」「私のほうが○○なのに」という視点は不要です。

その本のダメなところを探す必要もありません。

もし、お金持ちになる方法をお金持ちの人に学ぶのであれば、「どうやってお金持ちになったのか」にフォーカスすればいい。「あの人はお金持ちだけれど、洋服のセンスが悪いから、あまり好きじゃない」などと言っていては、何も学ぶことはできなくなります。


成長したいのであれば、何かを学びたいのであれば、フォーカスする場所はくれぐれも間違えないようにしましょう。

「自分は○○だから」という決めつけは、学びを阻む

では、何かを学びたいときは、どのくらいフォーカスするといいのでしょうか。

「どうしても成功したい」「どうしても身につけたい」ときには、100％そのターゲットにフォーカスします。

私は2008年に初めて本を出しました。『自分で奇跡を起こす方法』（フォレスト出版）です。家族と共に遭った大きな交通事故からどう再生したかをまとめた本です。歯科治療には自信がありましたが、出版の世界のことはまったくわからないド素人。しかし、著者としてデビューした以上、できるだけ多くの方に自分の本を手にしてもらいたいと思いました。そのために決めたことがありました。

本作りや販売のプロである、出版社の担当編集者の言うことに100％従うことで

す。とりわけ次の４つは心に誓いました。

- 即レス……すぐに返事を返す
- 即ＹＥＳ……どんなリクエストにも「ＹＥＳ」と応える
- 即行動……すぐに動く
- スケジュールを空ける

本が売れることが第一の目的でしたから、プロモーションの予定を最優先にしたのです。診療時間以外、すべてのスケジュールを空けました。予定が入っているところに、あとからプロモーションや打ち合わせの予定が入った場合は、先の予定をずらしてでも、時間をつくりました。１００％集中したといってもいいでしょう。

結果として、このデビュー作は発売1か月で5万部を突破するベストセラーとなり、１４６時間アマゾン総合ランキング1位を獲得できました。

本の力だけでは成し遂げられなかったに違いありません。出版社の方々が応援してくれたからこその快挙でした。頭が下がるほど、一生懸命に宣伝をしてくれたのです。

なぜ、それほどまで私の応援をしてくれたのか。

おそらく、私自身が本のことを最優先し、自我を出さずに、一生懸命に出版社のリクエストに応えるという姿勢を崩さなかったからだと思います。


本気でやっている人、一生懸命に取り組んでいる人の姿は、人の心を動かします。

心を動かせれば、応援してくれるし、一生懸命になってくれます。


ここぞというときに、人の心を動かせるほど一生懸命になれるかどうかが、成功の鍵を握っています。

成長したいなら自分の壁を壊す

応援してもらいたいとき壁になってしまうのは自己観念です。簡単にいえば、「自分は〇〇だから」という考え方です。

私は若い頃からいろいろな方に応援されてきました。年を重ねたいまは、逆になかなか結果を出せない人がいたら応援したい、というスタンスでいます。

応援する以上、最高のステージに立てるところまで、押し上げてあげたいと思っています。

ただし、相手がその気にならないと応援しても結果が出ません。先日、こんなことがありました。

古くからの友人の話です。留学経験もあり、取り扱っている商品も質が高いのに、収入が伸び悩んでいるようなので、応援してあげたいと思って、「〇〇のようにしたらいいいんじゃないの？　手伝うよ」と声をかけました。

ですが、その友人は、「自分はこういう性格だから、ちょっと無理」という返事だったのです。

自分を空にして相手を受け入れる気持ちさえあれば成長できるのに、もったいないと思った瞬間でした。

自分が成長したいのであれば、自分から壁をつくらないことが大切です。

「どれが大切」ではなく、「どれもあり」と思えるようになる

これからの時代、人間力を培うには、国際感覚を身につけることが不可欠です。

国際感覚を身につけ、いろいろな文化や価値観があることを知ると、自分の器が広がります。「ああ、こういう見方があるんだ」「こういう考え方もあるんだ」とわかり、新しいものの見方ができるようになります。

「どれが大切」ではなく、「どれもあり」と思えるようになります。

自分の価値観を押し付けないので、いろいろな人を受け入れられます。すると結果として、周囲からは「いい人」と思われるのです。

韓国人の友人と食事に行く機会があります。

韓国では、いろいろなものをたくさん注文して、好きなものをたくさん食べること

がよしとされます。

ひと口食べて「口に合わない」のであれば、残してもいい。人生の貴重な一食なのだから、好きなものを食べたほうがいい、という考え方です。

一方、日本では、出されたものを残さずに食べるのが美徳とされています。

どちらがいい悪いではなく、考え方が異なります。


韓国人の友人と食事に行き「美味しい？」と聞かれて、「まあまあだね」と答えると、「であれば、食べるのをやめてほかの美味しい料理を注文したらいいのでは」とメニューを見せられます。

食べている途中で、「美味しくないのであれば、ほかの店に行こうか？」と席を立ちそうになることもあります。彼らは無理して食べることはしません。

カフェでコーヒーを頼んで少しだけぬるいコーヒーが出てきたとき、日本人であれば、あまり気にせずに飲む人が多いと思います。でも韓国の友人は、「これ、ぬるいから交換してくれる？」とはっきり言います。

文化の違いを知らなければ、「なんで、あの人残すんだろう。マナーができていない」と目くじらを立てるかもしれません。

どちらがいい悪いではなく、そういう文化や価値観があると知れば、自分の価値観がすべてではないことがわかります。

海外に出よ。リアルな体験に勝るものはなし

国際感覚を身につけるには、外国に留学するのが近道です。できれば1年、難しければ短期間でもいいので海外で暮らして大学に通ったり、セミナーに行くのもいいでしょう。

海外の大学に留学すると、外国の学びの仕方がわかります。

私は医療系のセミナーを海外で受けることがありますが、質問一つするにしても、日本人は独特だと感じます。質問が長いのです。

「自分はこういうふうにして考え方を身につけてきたんです。ところが、先生の講義

はこう言っている。それはなぜですか？」

となる。背景や経験を漏れなく説明しようとするために、長くなってしまうのです。ていねいさの表れともいえますが、これでは本当に言いたいことがわかりにくくなってしまいます。ほかの国の人たちは、ポイントを絞って質問だけをしています。無駄がありません。

外国での授業に慣れてくると、日本に戻ってからポイントを絞った質問ができるようになります。

留学が難しければ、ボランティアで海外に行くのもいいですし、海外旅行でもいいと思います。とにかく海外に出てほしいです。

海外から戻ってくると、日本を客観的に見られるようになります。日本での当たり前が、世界では当たり前ではないことに気づくのです。

「外国に行くのは敷居が高い。でも、国際感覚を身につけたい」と思うのなら、外国人の友人をつくるのがいいでしょう。

一緒に食事をしたり、出かけたりするなかで、多様性を身につけられます。

本で学ぶのもいいのですが、リアルな体験に勝るものはありません。

できれば、ぜひ、日本を飛び出してみてください。

とくに海外旅行に行くときに、国際感覚を身につける速度を上げたいのであれば、海外旅行に慣れている人と出かけたり、地元に精通したガイドに案内してもらうのが「学び」の観点ではお勧めです。

詳しい人と一緒に行動をすることで、その人が体験したこと、経験してきたことを分けてもらえるからです。自分だけで行動するよりも、人生が豊かになります。


一人旅が好きな人や冒険が目的で行くなら話は別かもしれません。

自分が苦手なことをするときには、その分野に長けた人と一緒に行動すると深く、しかも、早く学べます。

素直に「自分はわからないので」というスタンスでいると、いろいろなことを教えてもらえます。

これからの時代、「自国の文化」は必修科目

外国の文化だけを学べばいいかというと、そうでもありません。日本の文化や歴史も学ぶ必要があります。

留学したり、海外の支社で働くようになった人たちから、「現地の人に、『日本はどんな国なの？』と聞かれても答えられず、母国である日本のことを知らないことがコンプレックスになった」と聞くことがあります。

バックパックを背負って世界を旅してきた若者から、「『世界の国々で、君は日本をどうしたいんだ』と聞かれても、答えられずに恥を掻いた」とも聞きます。

海外の人は自国の文化や歴史をよく勉強しています。

自分の国をよりよくするには、どうしたらいいかも考えています。

日本人は、自国の歴史や文化を知らない傾向にあります。それでは、いくら英語ができたとしても、外国人とコミュニケーションを取るのは難しくなります。日本の歴史は大人になってからでも学んでおいたほうがいいでしょう。

これは、海外には行かないから関係ないということではありません。いまは、たくさんの外国人が日本を訪れます。**すべての人にとって、自国の文化は必修**なのです。

相手の立場になって考える

同じ事柄でも国によって考え方、対処法が違います。いい例がマスクの着用です。海外ではほとんどの人がマスクをつけていない。日本では、マスクの規制が緩和されたいまも、多くの人がマスクをしています。周りの目を気にしているのでしょう。

「マスクをしないと感染する」というエビデンスはありません。

ニュートラルな視点をもって、

「何が正しいのだろう」

「なぜ、行動が違うのだろう」

と考えることが大切です。

世界が近くなり、多様化しています。広い視野でものを見る必要があります。自分と違うからダメ、ではなく、「違う理由は何だろう?」と相手の立場になって考えることが大切です。自分が見ている世界は、必ずしも正しくはないのです。


インターネットで検索をすれば、自分がいかにも広い世界にアクセスしていると感じるかもしれませんが、実はそうでもありません。

GAFA(Google、Apple、Facebook〈現Meta〉、Amazonの4社の総称)で検索すれば、AIによって興味のありそうなWEB記事に誘導されてしまう。

実は自分の世界がどんどん狭くなっている。

関心のない情報も取っていかないと、見識も思考もどんどん狭くなる一方です。

ワンランク上の経験をして、自分の引き出しを増やす

私は若い人たちを応援したいと思っています。周囲のスタッフには、ワンランク上の経験をしてもらいたいと思っています。

少しランクを上げた経験をすることで、違いがわかるようになります。

たとえば、いつも行っているレストランもいいけれど、それよりランクの高いレストランに行くと、いつものレストランの見方も変わってきます。

一流の店であれば、料理も器もサービスも空間もひと味もふた味も違います。一度行っておくと、違いがわかります。

食事をするときの選択肢も広がります。

高級レストランのディナーは高くて手が出ないのであれば、モーニングやランチでもいいと思います。若い人でも背伸びをすればなんとかなる価格です。

高級な料理が必ずしもいいというわけではないし、口に合わないこともあるかもしれません。でも、「知らないから選ばない」と「知っていて選ばない」とでは、結果は同じでも、そのときの感情はまったく違うでしょう。

ワンランク上の経験は、成功者の世界を垣間見せてくれます。そのとき浮かんだ思いや感情を意識して生活することが、成功者のステージへと自分を引き上げてくれます。

「人からの学び」は、ご縁も広げる

何かを学びたいと思ったとき、その方法はたくさんあります。

①本を読む。動画で学ぶ
②学校やセミナーに通う（オンライン講座の受講を含む）
③個人コンサルを受ける

本や動画ももちろん素晴らしいですが、私のお勧めは2番目と3番目です。人から直接学べるため、次のメリットがあります。

【人から直接学ぶメリット】
①質問ができる
②講師と縁ができる（学校などグループで受講する場合は、受講者同士の縁もできる）

①質問ができる

本や動画などでは、疑問が出たときにすぐに質問ができません。対面、あるいはオンラインであれば、すぐに質問ができるので、成長が早くなります。

②講師と縁ができる

講師とは、学びたいことについての専門家です。face-to-faceで専門家の話を聴くことができれば、縁ができます。縁ができれば、専門家がもっているネットワーク（学びのネットワーク、人的ネットワーク）ともつながりやすくなります。

もっと学びたいと伝えれば、「さらに、これを学んだほうが成長につながる」と教えてもらえるかもしれません（学びのネットワーク）。困りごとの相談に行けば、講師の知り合いを紹介してもらえるかもしれません（人的ネットワーク）。

ネットワークこそが財産です。グループで受講するのであれば、同じ志をもつ人との縁もできます。

では、どんな人から学ぶのがよいのでしょうか。講師を選ぶときには、次の視点で判断するといいでしょう。

- 自分が学びたいと思うことについて専門知識をもっている
- 継続的な実績がある（「長年、講師として仕事をしている」など）
- 多くの人に慕われている（人気がある）
- 社会的に認められている（「多くの人に支持されて結果を出し続けている」など）

本書のテーマである「人間力を高めたい」のであれば、社会性のある人から学びます。

社会性がある人とは、一般的には、社会で多くの人に認められている人、社会で通用する性質のある人のことをいいます。私が思う社会性のある人とは、自分のことだけではなく、「社会をよくしていこう」という志のある人。つまり、利他的な思考をする人です。

具体的にいえば、社会的な弱者といわれる人に手を差し伸べたり、地方創生に目を向けたり、ボランティア活動に力を注いだりしている人たちです。

社会性のある人は信頼され、尊敬されます。

自分が成長していく過程で、どれほど稼ぐ方法を身につけたとしても、社会性がなければ、さらに大きなチャンスを得ることはできません。人からの信頼が得られないからです。

意識して利他の思考を身につける

資本主義の父といわれた渋沢栄一は次のような言葉を残しています。

「できるだけ多くの人に、できるだけ多くの幸福を与えるように行動するのが、吾人の義務である」（『渋沢栄一　100の訓言』渋澤健著、日経BPマーケティング）

一人ひとりが多くの人の幸福を考えて行動することは義務である、と言っているのです。こうした思考を持っていたからこそ、多くの事業などを成し遂げ、たくさんの人々に慕われました。新一万円札の顔になるのもうなずけます。

自分が学びたいことと並行して、社会性のある人から利他の思考を身につけることも意識しましょう。私自身は30代の頃から、国内外の数多くの名だたる方々のセミナーを受けて少しずつ社会性を学びました。

現代であれば、インターネットを駆使したり、本を読んだりして、自分で「この人の考え方は社会性がある」「この行動は共感できる」と思う人を探してみましょう。「この人」と思う人を見つけたら、リアルに学べる講座などを探すことができます。

ここで、少し話が逸れますが、利他とのつながりでお話ししておきたいことがあります。「親切な行為はやらないよりはやったほうが断然いい！」ということです。

電車に乗ってきた高齢者に席を譲ろうとして、

「私は、健康のために立っているんだから、いいです」

と冷たく断られることがあります。だからといって、

「失敗した。今度からは席を譲るのはやめよう」

と短絡的に考える必要はありません。

高齢者や体の不自由な人、妊婦さんに席を譲るのは、一般的に親切な行動です。社

会全体で守ってあげたり、親切にしたりしなければならないから、優先席も設けられています。

たった一人の人の反応を見て、席を譲ることに臆病になる必要はありません。

「そうでしたか。失礼しました」と告げて、この人には席は不要だったのだ、と思えばいいのです。

次の駅で、また高齢の方が乗ってきたら、すかさず席を譲ってあげましょう。

自分が他者にとって親切な行動だと思うのであれば、やらないよりやるほうが、断然いいと思います。

「一流の人との共通言語」を増やせば、自分の価値が高まる

私は医学生の頃から「一流」にこだわってきました。一流の人間、一流の歯科医師になることを目指してきたのです。

一流になるには、一流の人に認めてもらうことです。

自分の専門とする分野の一流の人に「言葉」を学び、その言葉が使えるようになると、一流の人に一目置かれます。価値ある人として扱ってもらえます。

大阪で開業され、本も出版されていた有名な歯科医師の先生から、歯の噛み合わせ（上下の歯の接触の状態のこと）について学んだときのことです。先生から

「井上先生は、どういう噛み合わせが理想だと思いますか？」

と質問されました。多くの歯科医師は、理想について、自分のもつあらゆる語を総

動員して長く説明します。私はひと言

「スタティックな咬合《こうごう》（＝噛み合わせ）です」

と答えました。噛んだときにずれることなく、パチッと止まる噛み合わせのことをいいます。高度な治療をするアメリカの歯科業界では知られた言葉です。

日本では、英語を使って噛み合わせを表現する歯科医師はほとんどいません。私はアメリカで2つの博士号を取ったドクターから理想的な歯科治療について3年間学びましたので、「スタティックな咬合」という言葉が瞬時に浮かびました。先生は、

「君だけだよ、そんな言葉を知っていた受講生は」

と驚いていました。

以来、私に対する扱いが変わりました。自分で言うのもおこがましいですが、一目置かれるようになったと感じました。

できる相手と共通の言語をもっているだけで、自分に対する評価、価値観が変わります。

使うべきときに、使うにふさわしい言葉を使う。それが人生を変えていきます。

五感を総動員して学ぶ

私はあらゆる機会を使って、「言葉」に耳を傾け、学んできました。専門である歯学の講義はもちろんのこと、経営者のＤＶＤを見たり、一流といわれるスピーカーの講演会に参加したりしました。海外で開催された英語でのスピーチも聞きにいきました。

人生を振り返ってみると、自分を一流に育てるためにかなり投資をしました。

投資をする以上、できるだけ多くを学び取ろうという姿勢を心がけました。


特に「こういう人になりたい！」と思った人の講座やセミナーに参加したときは、話の内容や言葉に耳を傾けるのはもちろんですが、それ以外にも次のようなことを学び取ろうと五感を総動員して集中しました。

- 立ち居振る舞い
- 話し方、間の取り方

●服装

学んだら実際に言葉を使ってみたり、所作をマネしたりしました。見たり聞いたりしただけでは、本当の学びといえません。自分で使えるようになってこそ、真の学びとなります。

現代は、それほどお金をかけなくても、学べる機会は多くあります。YouTubeなどの動画サイトでは、世界中の人たちの講演が配信されているＴＥＤをはじめ、質の高いプログラムを無料で見られます。新型コロナウイルス感染症の影響で、オンライン講座が増え、充実してきています。

やる気さえあれば、動画サイトやオンライン講座で得られるものは大きいです。できるものからチャレンジしてはどうでしょうか。

講師の所作を身につける

リアルな講座（セミナー）で、終了後に懇親会があるときは、可能な限り参加します。まずは講師に講義のお礼と感想を伝えます。

講師と話したい方はほかにもいますから、さっと次の方に譲り、その後は、できるだけ近くにいて所作を観察します。

私があるときに見かけたのは、こんな所作です。

講師のところに二人の受講生がお酌にいきました。講師は

「お酌ありがとう。僕はさっきからいただいているので、お二人から少しずついただきますね」

とおっしゃっていました。次から次へとお酌に応じていたら体がもちません。かといって、「結構です」と断るのは、お酌をしにきた相手に冷たい印象を与えます。

この講師は、自分の体にも、受講生にも気づかった、とてもすてきな対応をしていたのです。

こまやかな気づかいを一つずつ学び積み重ねていくことで、気づかいのできる人になれます。

#「いい選択」は、失敗と検証を繰り返した先にある

年を重ねてくると、体験が増えますから、「本に書いてあることは本当だったんだ」と腑に落ちることも増えます。

学びにはいろいろな形がありますが、私が考える理想の学びは、次の3ステップです。

ステップ① 本で知識を身につける。人から教わる
ステップ② 実際に経験する（知識に肉付けされる）
ステップ③ 本当の学びになる

本当の学びとは、頭でわかっていたことを経験として体で理解することです。

人生の中ではうまくいかないこと、思い通りにいかないことがあります。
そのときに、そのまま放置しないことが大切です。

ものごとは、偶然うまくいくことが少なくありません。
偶然は検証できません。だから、うまくいったことは検証しなくていいのです。
しかし、うまくいかなかったことに関しては、「偶然」はほぼありません。

うまくいかないときは、「絶対に偶然はない。必ず理由がある」と捉えます。
うまくいかないときは、真摯に受け止めて「理由（＝原因）」を考えます。

この繰り返しによって、理解が層のようになって、学びが深まります。

研究は仮説を立てて、実験して、結論を出す

正しい答えがわかっている研究は、研究じゃない。

博士号の論文も、未知のものに対して研究する。
仮説と考察が違っていたら、あらためて考察し、方法を変えて、研究していく。

人生も同じです。最初に正解ありきではない。私たちは、価値ある人生を目指して、実験の日々を送っているのです。
最初から「いい選択」はありません。

間違った選択をしたことに気づいたら、やり直して、もう一度前に進めばいいのです。

無意味な下積み、意味ある下積み

「高級すし店では、就職しても、何年も食材に触らせてもらえず、皿洗いばかりやらされるといいますが、そんな下積みは無意味だと思います。遠回りしないで、就職したらその日から包丁を握ったほうがいい、という意見もあります。井上先生はどう思われますか？」

あるとき、こんな質問をされました。

私の世代は、たしかに、下積みが当たり前でした。

フレンチの名店、オテル・ドゥ・ミクニのシェフだった三國清三さんも、20歳の頃、2年間、帝国ホテルで鍋洗いだけをやっていた、と著書『三流シェフ』（幻冬舎）で明らかにしています。ただ、その真摯な姿は、帝国ホテルの村上総料理長の目に留まり、ジュネーブの日本大使館の専属料理人に推薦されることになったそうです。

いまは時代が変わりました。店で学ぶだけでなく、料理番組や動画サイト、本からも知識を得られます。学びの機会が増えています。

だから、何年も下積みをする必要は薄れている可能性があります。

しかし、遠回りすることが、一概に悪いことだともいえません。

自分に合う方法を選ぶ

私の話でいえば、学生時代、インターネットはありませんでした。論文を書くときは、ずっと図書館に詰めていました。本棚と本棚の間にしゃがみこんで文献を読み、「これだ」と思うものが見つかったら、孫引きしたり、コピーを取ったりして、知識を深めていきました。目当ての文献の近くにあった文献を見て、ヒントを得たこともあります。インターネットで得られる情報より多くを得られた気がします。

世の中は便利になっていますが、それが進化なのか、人類にとって本当によいことなのか、疑わしいと思うこともあります。

いまの料理の世界がどうなっているのかわかりませんが、人それぞれ合う学び方があります。

実際に料理をしているところを間近で見ながら、料理を覚えたいのであれば、何年間かは、修行をすればいいと思います。

下積みを無意味と考えて、すぐに実践したい（料理を作りたい）なら、即戦力として働かせてくれるところで働けばいい。

経営学者のピーター・ドラッカーは、「自分のワークスタイルを知りなさい」と述べています。アメリカの大統領にしても、スピーチを覚えるときに、聴きながら覚える人もいれば、紙に書いて覚える人もいる、人に読んでもらって反復しながら覚える人もいる。やり方は人それぞれです。

自分の働き方も、学び方も、人それぞれです。

いまは働き方も、学び方も、多様化していて選べる時代です。

「下積みが悪い」と決めず、自分に合う方法を選ぶといいと思います。

疑問があれば上司に聞けばいい

「上司に無意味なことをやらされるのがいや」という声も聞きます。

であれば、「この仕事にどういう意味があるのですか」「これをやる価値はどんなところにあるのですか」と聞いてみてはどうでしょう。

私は、歯科医院のスタッフに教えるときには、意味と価値を説明するようにしています。「いいから、黙ってやれ」とは言いません。


わからないことは聞くのがいちばんです。

自分は無意味だと思っていても、上司にとっては、意味や価値があることかもしれません。ただ説明していないだけ、という可能性もありますよ。

第②章

「学び」の習慣 アクションリスト

- 100％ターゲットにフォーカスする
- 自分を捨てて、まずはすべて受け入れる
- 海外旅行に行く
- 外国人の友達をつくる
- 日本文化を学ぶ
- ワンランク上の経験をする
- 学校やセミナーに通う（オンライン講座の受講を含む）
- 個人コンサルを受ける
- 利他の思考を身につける
- 一流の人が使う言葉を学ぶ
- うまくいかなかったときは必ず検証する

第3章

「自責」の習慣

すべてを「自分の責任」と考える

人間力が高い人に共通する大切な要素が「自責」です。

自責とは、

「すべてのことは自分によって起こされた」

「自分がもたらしたことが現実（結果）になっている」

という考え方です。


この考え方をベースにすれば、いま自分がどんな状態であろうとありのままを受け入れることができます。

たとえば、私の同世代では年商1兆円の上場企業の社長になった人もいますが、私はそうではありません。なれなかったのではなく、自分が「求めなかった」ために、ならなかっただけです。すべての結果は自分が「求めたか」「求めなかったか」によってもたらされます。

そう考えると、自分には無限の可能性がある、と思えますし、物事をいい方向に動かせます。

自分の在り方に責任をもちましょう。
そうすれば、社会に対する責任も考えられるようになります。

私は、健康管理はすべて自己責任と捉えています。

「今月は体脂肪を下げる月」と決めたら、食事をコントロールします。

家族が、「美味しい食事を作ったから食べたら?」「お饅頭をいただいたから、一つくらい召し上がったらいいじゃない」と言ってきても、「いらないよ。いま体脂肪を下げているから」と答えます。

もし、自分の責任と決めないでいたら、誘惑に負けて食べてしまうかもしれません。
最悪なのは、「家族が『食べなさい』と言ったから、体脂肪が下がらなかった」と人のせいにすることです。そうなれば、家族関係はぎくしゃくします。

自己責任とは、自分の行動に責任をもつことです。
自分で意思決定ができますから、人に流されにくくなって、結果も出ます。

自己責任にすると解決策がスグに見つかる

人間関係がうまくいかなかったときも、「自分に責任がある」と思うとラクに解決策が見つかります。

友人と会って、
「なんだアイツ、つんけんしていて、感じ悪い」
という状況になったときも、友人と会うという状況をつくったのは自分であり、自分に責任がある、と捉える。相手ではなく、自分にベクトルを向けるのです。すると、「なんで、つんけんしているの？」と理由を聞く必要はなくなり、「今度からは、会わないようにすればいい」と解決策がすぐに見えてきます。人間関係に問題が起きた（起きそうな）ときは、相手を変えるのではなく、自分が変わればいい、ということがわかってくるのです。

自己責任と捉えると、相手を責めなくなりますから、結果的に悪い人間関係ができにくくなります。

高みを目指せば、陰口も聞こえない

よく知らない誰かに「アイツ、調子に乗ってる」と言われたとします。気になって、その誰かに会いにいき、「私のどこがいけないんですか？」と聞いても、相手は答えないでしょう。それよりも、

「『誰か』に陰口を言われるのは、その人の目の届くところにいるから、自分の責任。もっともっと高いところを目指そう」

と考えて、自分を鼓舞するほうがずっといいのです。

恋人が自分の友人のもとに行ってしまったら、いやな気持ちになるけれど、アラブの王族のところに行ったとしたら、嫉妬心さえ湧いてきません。想像を超える相手だからです。

突き抜けた人になれば、想像を超える人になれば、何も言われなくなる。

富士山の頂上にいれば、ふもとの喧騒は聞こえません。

私はそう考えるようにしています。

自分ではなく「起こった事実」にベクトルを向ける

自分に責任をもつのは大切なことです。

しかしながら、「自責」によって、自分を追いつめてしまう人もいます。

責任感の強い人ほど、自分を責めてしまいがちです。

その場合は、

「私の責任だ。なぜ、自分はダメなんだろう」

と自分にベクトルを向けるのではなく、

「なぜ、このことは起きてしまったんだろう」

と起こった事実にベクトルを向け、

「起こらないようにするには、何をどう改善すればいいのだろう」

と頭を問題解決に向けましょう。

×「なぜ、自分はダメなんだろう」
○「なぜ、このことは起きてしまったんだろう」

自分を追いつめて悩むことに時間を使うのではなく、解決に時間を使うようにします。それが責任を果たすことにつながります。

「責任を取って辞める」は、責任を果たしたことになるのか？

ある外国企業の日本支社のトップとお会いしたときのことですが、日本人の責任感についてこんな話をされました。

「日本で雇用した人は、問題を起こすと『責任を取って辞める』と言うが、これは逆に責任を放棄している。問題から逃げているとしか思えない。責任を取るというのは、自分が関わってマイナスになってしまったことをできるだけ改善する方向にもっていくことだ。多少なりとも改善した状況になってから辞めるのが、本来の責任を取ることではないか」

私も同感です。

組織の状況に応じた辞め方があると思いますが、問題を起こしたのであれば、辞める前に問題解決の段取りをし、きちんと引継ぎをするのが筋です。

「問題が起きたから辞める」では、おそらく次の職場に行っても同じです。起こした問題を改善していませんから、また同じ問題を起こす可能性があります。少々厳しい言い方をすれば、転職ではなく転落する人生になってしまうかもしれません。

問題が起きたら解決するのが基本

私のクリニックでは、問題改善シートを作っています。

「機材を壊してしまった」「歯科材料の在庫確認ができていなかった」「患者さんに迷惑をかけてしまった」といったときに、本人に書いてもらいます。

ただし、新人に書いてもらうことはありません。新人はできないのが当たり前だからです。

【問題改善シートの質問項目】
①どういう問題か
②なぜ、その問題を起こしたか
③問題を起こしたことでどんな影響（損失を含む）が生じたか
④問題を改善するには、具体的にどんな方法があるか

記入したものを提出してもらい経過を観察します。1～3か月後に、同じ問題が生じていなければ、「問題は解決した」と判断しています。

問題が起こった原因を本人が認識することで再発防止に役立っています。

個人で問題を起こした場合も、これら4つの項目について考えると、問題の再発防止につながります。


いまは入社3年以内に会社を辞める人がたくさんいます。

平成31年3月に大学を卒業した大卒者の就職後3年以内の離職率は31・5%だった

そうです（厚生労働省　集計）。

退職をするのは自由です。憲法でも職業選択の自由が制定されています。

ただ、社会人として責任ある辞め方かどうかを考えて行動したほうがいいと思っています。突然辞めるのは迷惑がかかる場合があります。

私が経営する歯科医院でもスタッフを募集すると、ほかのクリニックに勤めながら応募してきて、採用になるケースがあります。その際には、

「いまは求人をしても応募者が少ない時代です。勤めているクリニックで、次の人が見つかるまで頑張ってほしい、と言われたら応じてあげてください。こちらは可能な範囲で待ちます。迷惑をかけない形で辞めてきてください」

と伝えます。スタッフが辞める際は、しっかり引継ぎをして責任ある辞め方をするように教育しているからです。


一つひとつ責任を果たしていくことが、自責力を養うことにつながります。

組織では、一人ひとりの自責力が「お客さんの幸せ」をつくる

いのうえ歯科医院の朝礼でも「責任」は頻繁に出てくるキーワードです。

たとえば、「(スタッフの)みなさん一人ひとりが『どんな対応をすれば、目の前の患者さんが幸せになれるか』を考え、責任をもって行動してほしい」と伝えます。

来院される患者さんは、いのうえ歯科医院に期待して来てくださっています。治療だけのことではありません。

受付の対応、治療室でのスタッフの対応、ドクターの対応など、それぞれの部署の一人ひとりのスタッフが患者さんと信頼関係を構築することで、

「ここの歯科医院はキャンセルをしないようにしよう」

「治療の中断はしたくない(続けて治療を受けたい)」

と思ってもらえます。

また来たいと思ってもらえると、治療が終わるまで継続できます。結果として、患者さんに幸せになってもらえます。一人ひとりの責任をもった対応が、患者さんを幸せにします。結果として、医院としても嬉しいのです。

逆に、受付のスタッフの受け答えが悪かったり、気持ちよくあいさつをしていなかったり、予約管理ができていなければ、「いやな印象」になりますし、信頼も損ないます。

受付スタッフの印象、不信感は、クリニックの印象、不信感に直結します。

患者さんに来てもらう機会を失いかねません。

どんなビジネスでも同じではないでしょうか。

一人ひとりが、責任をもって職務を果たすことで、お客さんが幸せになってくれる。幸せになれば、ファンになってもらえて、リピーターになってもらえる。結果として、会社も利益が上がり嬉しい。

すべては一人ひとりの責任にかかっています。

これは、お客さん相手だけにいえることではありません。

あるとき、医療事務のスタッフが、「電子カルテ補助金という制度があるので、当院でも早めに取り組んだほうがよくないでしょうか」と相談してくれたことがありました。

別の日には、「今度、外注する業者さんですが、複数社あるので、比較の一覧を作りました」とパワーポイントの資料を作って説明してくれました。

これは、本当に経営者としてありがたいと思います。

クリニックの一員として、一緒に盛り上げようという気持ちが伝わってくるからです。

責任をもって職務を果たすことは、顧客満足、そして一緒に働く仲間の満足につながり、好循環をつくるのです。

自分が変われば、相手の反応も変わる

自責力があると、自分が相手に目を向けること、自分が相手をそのまま受け入れることで、人間関係を円滑にできます。

付き合い始めた彼女（彼氏）を「今度、海に行こうよ」と誘ったとします。彼女（彼氏）からは「海は嫌い」とつれない返事。

あなたなら何と答えますか？

A「えっ、嫌いなの？　どうして？」と理由を聞く

B「そうなんだ。海は嫌いなんだね」と受け止める

理由を聞きたい気持ちもわかりますが、人間関係をより円滑にしたいなら、Ｂの対

応をしましょう。相手のありのままを受け入れるのです。

人は自分を受け入れてもらえると嬉しいものです。相手の意向をいったん受け入れるところからスタートすると、人間関係は良好になります。

100人中99人が喜ぶお菓子があって、自分としては、「Cさんもきっと喜んでくれるだろう」という思いでプレゼントします。

でも、Cさんは「私、そのお菓子嫌い」と言う。そのときに、「えっ、それっておかしいんじゃない？　みんな、好きだって言うよ」と言っても始まりません。「嫌いなものは嫌い」なのです。

自分が提案（プレゼント）したことに対して相手が「嫌い」と言ってきたら、次のように対応しましょう。

①「そうなんですね。嫌いなんですね」といったん受け入れる
②理由は聞かない

③「何が好きなのですか？（どんなところが好きなの？）」と相手の気持ちを聞く
④③が可能であれば、「わかった」と応じる。不可能であれば、話して意見をすり合わせていく

責任をもって、最初に受け入れることで、その後の話もスムーズになります。

ネガティブな感情さえも、自責力でコントロールできる

仕事から帰ってきたパートナーが、リビングに入るなり、

「なんで、こんなに散らかってるの！　片付けられないの？」

と怒る。いつもはそんなことで怒らないのに、なぜか今日は機嫌が悪い。

心の準備もないままに責任を追及されると、つい反射的に
「だって、仕方がないじゃない！　こっちだって家で仕事をしてたんだから」

と売り言葉に買い言葉が出てしまい、険悪な雰囲気になってしまう。

そんなときはどうしたらいいのか。

新婚の女性編集者から相談を受けました。


家族など身内が、いつもと違ってささいなことで怒りをぶつけてくるのは、心に余

裕のないときです。

「会社で上司に怒られた」「仕事が忙しい」「クレームの処理がうまくいかない」……。トラブルで心がふさがり、言葉を選ぶ余裕がない。相手を気づかうだけのゆとりがありません。

余裕がないと心は張りつめています。空気が満タンのゴムボールのように跳ねます。

「だって、仕方がないじゃない！」

と返せば、すぐに反応して、さらに思いやりのない言葉が返ってくる。

事態は悪化するばかりです。

そんなときは、相手の怒りにいちいち反応するのをやめます。

まずは、深呼吸をします。深呼吸をすると、リラックスする神経である副交感神経が優位になり、心が整います。

次に、相手をおもんぱかってあげる。「何かいやなことがあったのかな」と相手の事情、状況に思いを巡らせてみるのです。相手の怒りには取り合わずにスルーします。

状況を見ながら時間を置いて、イライラの原因になった事象には触れず、何ごともなかったかのように話します。「ご飯、できたよ」でもいいでしょう。相手も怒ってしまったことでバツが悪いので、いつまでも引きずらず、あっけなく日常を取り戻せます。パートナーがイライラして突発的に責任を追及してきたときの対応のステップをまとめます。

ステップ① 深呼吸する（心を落ち着ける）
ステップ② 相手の状況を考えてみる
ステップ③ 怒りには取り合わずにスルーする
ステップ④ 少し時間を置く
ステップ⑤ 普段通りに話しかける

家族に限らず、友人や同僚とのコミュニケーションでも効果があります。自責力が身につけば、自分の行為をきちんと判断できるため、相手の怒りにも落ち着いて対応できます。これによって、無用な衝突を避けられ、良好な人間関係が築けるのです。

「8対2で相手を優先」すれば、人間関係で悩まない

明らかに自分の落ち度で、相手が怒っているという場合はあります。

「一緒に食事に行くって約束したのに、なんでほかの予定を入れちゃったの？」

「大切にしていたお皿、なんで割っちゃったの？」

そういうときにやってはいけないのは、なんとか言いくるめて、自分の都合を押し通そうとすることです。

「急な仕事が入ったんだから仕方ないじゃない。忙しいから、しばらくは食事に行く時間を取るのは難しいよ」

「大切にしていたお皿といっても、ずいぶん使い込んでるし、もう元は取ったんじゃないの？」

これでは、人間関係がこじれるばかりです。

ではどうすればいいのでしょう。

謝罪して、相手に「どう対応してほしい」か聞きます。「ほかの日に食事に行きたい」と言うかもしれませんし、「新しいお財布を買ってほしい」と言うかもしれない。「弁償してほしい」と言うかもしれないし、「新しいお皿を買ってほしい」と言うかもしれません。希望に沿った対応をすることで、相手の気持ちが収まります。

相手を優先する、相手ファーストの対応をすることです。

家族や友人と食事に行くとき、私はあまり自分の希望は言いません。

「どこに行きたい？」「何か食べたいものはある？」と聞かれても、「どこでもいいよ」「食べたいものは特にないかな」「任せるよ」と答えることが多いです。ほとんどは「何でもいいよ」と答えます。ただし、いつも「何でもいい」と言っていると、投げやりにも聞こえます。ですから10回に2回くらいは自分の意見も言います。

すると、コミュニケーションが円滑になります。

一流は、「相手ファースト」。「相手に対してできること」を徹底する

相手ファーストの考え方は、人生を豊かによりよくします。自分の人生を好転させるとともに、魅力的に見せるための絶対ルールです。

言葉を変えると、「利他の精神」と一緒です。常に相手を立てることを考えます。

立てるとは優れた人として相手を尊重することです。相手を立てる行動で、わかりやすいのは、褒めることです。ただ誤解してほしくないのですが、「褒める」とは、お世辞を言いなさいということではありません。本当に感じたことを、心を込めて伝えることが大切です。心のない浮ついた言葉は見透かされてしまいます。

先日、恋愛カウンセラーのかんころさんと対談をしました。私は、

「かんころさんは明るくて、笑顔がすてきですね。かんころさんのコミュニティに入っている方は、ポジティブな環境で学びができて素晴らしいですね」

と感じたことをそのままお伝えしました。かんころさんは、

「井上先生のティーアップ（相手の価値を上げること、褒めること）はさりげなくて、いいですね」

と逆に年上の私を立ててくれました。

褒められていやな気になる人はいません。むしろ印象はよくなります。

「私はこんなことをやってきた人間です」と長々と自己紹介の言葉を紡ぐよりも、相手を立てる言葉をひと言でもふた言でも言うだけで、あなたは好印象をもって、相手の記憶に残ります。

成功者たちも相手ファーストを大切にしています。

たとえば、京セラの創業者である故稲盛和夫氏は、利他の心（＝相手ファースト）を大切にしたことで有名です。

かつて、京セラが、アメリカの大手電子部品メーカーAVX社を合併する際、不利な条件を提示されました。しかし、稲盛氏が、相手を最大限思いやる態度で応じたことで、AVX社の社員は京セラに感謝し関係は良好に。その後、AVX社は急成長も遂げています。利他の精神を大切にしていると、一時的に損になったとしても、長い目で見れば、報われます。必ず、自分にもよい結果がもたらされるのです。先人たちが大切にしてきた言葉には重みがあります。

身近なところで「相手ファーストが完璧にできている」と思う人は、だいたいが一流のセールスパーソンです。

一流のセールスパーソンは、人材育成の会社にしても、保険会社にしても、商品を売るより、「相手に対して、自分にできることは何か」を考えています。

「自分にできること」とは、決して難しいことではありません。

相手の話をじっくり聞く、人を紹介する、必要としている情報を提供する……といったことです。人は、こうしたことをされると、好感をもち、何かしてあげたくなるものです。

私も、できるセールスパーソンと話をしているうちに、

「私のことばかり聞いてもらっているけれど、君のことは全然聞いていなかったね。保険売っているんだよね。どういうのがあるの？」

という展開になり、知り合いを紹介したことがあります。


相手を立てたり、相手ファーストにふるまうコツは難しくありません。**相手の「いいな」と思うところを褒める**だけでいいのです。

たとえば、初対面の相手を褒める。その際、できれば、ネクタイや洋服ではなくて、相手の内面や内面が表れているところを褒めます。

「すてきな笑顔で緊張が取れました」

「やさしい語り口に心がいやされます」

「こまやかなお気づかいに感激しました」

人を褒めるのに苦手意識があったり、これまでやったことがない場合は、ぜひ、挑戦してみてください。

何度もやっていくうちに、成功体験が手に入ります。

ルールが正しかったと実感できたら、自分のものにできた証拠です。

喜びは喜びを生む

以前、拙著が出版されたお祝いに、その本の写真がデコレーションされたケーキをいただきました。面白くて、印象に残るし、インスタ映えもして、とても嬉しかったです。

昨年、知り合いのCさんが本を出されたときには、迷うことなく、本の写真のケーキをお送りしました。Cさんはとても喜んでくれました。

自分が嬉しかったことは、ほかの誰かにもしてあげる。

すると、たいていその人も喜んでくれます。**「喜び」のリレー**です。

仕事終わりの「ほんのひと言」が、相手の心を動かす

出版やセミナーの仕事は、チームをつくって行っています。

チームはプロジェクトごとで、仕事が終わればバラバラになり、新たなプロジェクトが始まると、また新しいメンバーでチームを組むことが多いです。

そんななか、「この人は自責力がある。またこの人と一緒に仕事がしたいな」と思う瞬間があります。仕事が終わったあと、

「お世話になり、ありがとうございました。また、私にできることがあれば、いつでも声をかけてください」

と言ってくれたときです。

クリニックの日常の仕事でも同様です。

たとえば、頼んだコピー取りの作業を終えたスタッフが、

「院長、ほかにできることがありましたら、お手伝いさせていただきます」

と言ってくれることがあります。

私を「手伝いたい」という気持ちが伝わってきて嬉しいです。


両者の共通点は、仕事（業務内容）だけにフォーカスするのではなく、仕事を一緒にしている相手の感情にしっかりフォーカスできていることです。

仕事が終わったらそれでおしまいにしない。いつも相手の感情に配慮し、「相手に何ができるか」を考えています。

相手の感情に配慮できると、好印象をもってもらえます。そうすれば、引き上げてもらえますし、結果として、上のポジションに行くのが早いです。

コピー取りが終わった途端、「あー、終わった」と考えて、すぐに踵を返すこともできます。ほんのひと言、言うか言わないかで、相手が受ける印象は大きく変わります。

SNSの投稿は「未来の自分」が責任をもてることだけ

SNSに投稿したり、誰かの投稿に対して自分の意見を書いたりする人は多いと思います。SNSでのコミュニケーションは、発信する楽しさがあります。つい気軽な気持ちで投稿したくなります。しかし、注意して投稿する必要があります。投稿は自己責任です。

ポイントは次の2つです。

①よくよく考えたうえで投稿する
②誹謗中傷は絶対にしない

①よくよく考えたうえで投稿する

情報発信することは、自分の人生の価値をつくることにほかなりません。とても大切な行為であり、慎重さが求められます。インターネット上に出た情報は、誰もがコピーできます。すぐに広まってしまい、あとで消したとしても、完全に消せない場合があります。

だからこそ、感情的になって突発的に書きこむのではなく、よくよく考えたうえで投稿します。私は、「投稿した文章を読んだ人はどう思うのか」「読まれたことで自分の信頼や価値はどうなるのか」を常に意識しています。

コーチングをしている方々にも次のようにお伝えし、警鐘を鳴らしています。

「書きこんだことが残ることによって、自分の将来に対してどんな影響が出てくるかを考えたうえで、情報発信をしてください」

想像してみてください。

将来、モナコの王室の人からプロポーズされたとします。王室の人との結婚ですから、ありとあらゆることを調べられるでしょう。あなたが書いてしまった、たった一つの他人を誹謗中傷する書きこみが明らかになってしまった。さて、結婚はどうなるか。

いま書いた、たった数文字の投稿が、将来の幸せを阻むかもしれません。

写真の投稿にも注意が必要です。

軽い気持ちで異性の友人と一緒に写った写真をInstagramにアップする。恋人やパートナーが見て嫉妬して、喧嘩に発展する。ありえる話です。

私は、以前は女性のファンの方と握手した写真なども、「撮りたい」と頼まれれば、気軽に応じていました。でも、いまは握手写真の撮影は遠慮させてもらっています。

SNSに投稿された握手写真を見たある人が「女性に囲まれていい気になっている」「なにか関係があるんじゃない?」と言っている、と伝え聞いたからです。

何一つやましいことはありませんが、一緒に写真を撮った人にも申し訳ないと思いました。批判される事態が予想されるのなら、最初からやらないほうがいい。人から批判的に見られる状況はつくらないようにすることが大切だと思いしらされました。

②誹謗中傷は絶対にしない

誹謗中傷は絶対に書いてはいけません。理由は2つです。一つはマナー違反だから。もう一つは、誹謗中傷は自分を傷つけることにほかならないからです。

潜在意識は、自分と他人を区別しません。
表現した言葉は自分ごととして受け取ります。

もし、「○○さんは、まったく才能がない」と書けば、「才能がない」が、潜在意識に刷り込まれます。すると無意識のうちにあなたは「(自分が) 才能がない」と勘違いし、自己肯定感が低くなったり、自信を無くしたりします。つまりこれは、自分を傷つけていることになるのです。

ネット上で人を批判している人で、人生がよくなっている人を私は見たことがありません。逆の人はたくさん見てきました。もったいないです。

逆に、「○○さんは、驚くべき才能がある」と書けば、「(自分は) 驚くべき才能がある」と思い、自己肯定感が高まります。自己肯定感が高まれば、「自分はできる」と捉え、果敢にチャレンジもする。成長につながっていきます。

インターネット上で人を褒めるほど、自分の人生は好転します。

物事の捉え方は自分で選べる

私は著者として多くの本を書いてきました。

本を書くと、Amazonなどのサイトにレビューを書いてくださる方がいます。本の感想は気になりますから、レビューはチェックします。

著者としてデビューしたての頃、家族や私を誹謗中傷するレビューを書かれることがあって落ち込みました。「どうして、こんなにひどいことを書くのだろう」と。サイトに対して削除依頼をしたこともあります。

ただ、潜在意識の学びをさらに深めたいまでは、悪いレビューを書かれても平気になりました。感情的に捉えなくなったからです。

客観的に捉えて、

「こんなふうに書くのは、自分を傷つけているのと同じなのに、もったいない。自分を傷つける人を減らせるように、私がもっと頑張らなくてはいけない。やるべきことがたくさんある」

と思えるようになりました。

気分が悪くなる書きこみがあったときは、自分で「スルーする」選択をしています。

物事の捉え方は自分で選べます。

SNSで自分が傷つき、落ち込むのであれば、いったん遠ざかるのがいいでしょう。始めたのが自分なら、終わりにできるのも自分です。

悪いレビューを書かれたとき、内容によっては自己点検することもあります。

「どうしてこういうレビューを書かれたのか。もっと違う表現をしたほうがよかったのかもしれない」

と考えて、一人でも多くの人に受け止めてもらえるように、よりよい本がつくれるように改善をします。それが自分の成長につながります。

第3章

「自責」の習慣 アクションリスト

- すべてを自分の責任と考える
- 「起こった事実」にベクトルを向ける
- 問題改善シートを作る
- 相手の感情に目を向ける
- 8対2で相手を優先する
- 相手の「いいな」と思うところを褒める
- 相手の話をじっくり聞く
- 人を紹介する
- 必要としている情報を提供する
- 自分が嬉しかったことは、ほかの誰かにもしてあげる

第4章

「礼儀礼節」の習慣

礼儀礼節の基本はあいさつ。「あいさつの差」が「所得の差」にもなる

礼儀礼節の基本はあいさつです。

あいさつは初対面のときの印象を決めます。あいさつの仕方によって、その後の展開が変わってきます。あいさつがきちんとできると、周りから引き立ててもらえます。誰でも印象のいい人に仕事をお願いしたいと思うものです。結果として、あいさつの仕方は所得の差にもつながっていくのです。

セミナーを受けるなら、会場で講師を見かけた途端に、

「おはようございます。今日もよろしくお願いします」

とあいさつに行く。

自分を印象づけるとともに、相手の心をつかみやすいです。

ただ、みんながあいさつに押し寄せているのであれば、逆にひかえてもいい。相手が不快にならないように配慮して、タイミングを計ることが大切です。

あいさつの仕方のポイントは、笑顔で1トーン高い声にすること。元気に明るく聞こえます。1日が気持ちよくスタートできます。

キャラクターとして、クールな落ち着いた雰囲気を大切にしている人であれば、相手の目を見てていねいにあいさつするのもいいでしょう。

心身統一合氣道会の藤平光一先生から習ったあいさつの基本は、「正面を向いて、相手を思いながら、真摯な気持ちで、目を見てあいさつをすること」です。

相手を思いながら、あいさつをすることで、思いが伝わります。

礼儀礼節の原則は、時代に左右されない

現代は、年功序列の概念が薄くなりつつある、といわれます。

しかし、礼儀礼節で一番意識するべきところは、相手を尊重することです。年功序列の概念が薄れているからといって、礼儀礼節を欠いていいわけではありません。

自分より早く生まれて、社会経験のある人に対しては、尊敬の気持ちをもって接します。年上の人に対しては、年上の人に合った言葉の使い方、敬意をもった対応をしていくのが人としての在り方です。これは最低限のルールではないでしょうか。

「その行動は、一流の社会から見て、どう見えるか」

これは私が常にコーチングでお伝えしていることです。

流行は考えなくていい。

一流の社会（社会の2割ほど）では、まったく違う世界があることを認識するべきです。認識し、2割の人の考え方と、8割の人の考え方をうまく取り入れると、2割の世界に行けます。

自分のいまの感情や感覚、環境の中だけで行動すると、自分の価値を下げかねません。

場合によっては、それが自分の未来に汚点となって残る可能性もあります。

「あの子は、先輩との言葉づかいがずっとフラットだった。上の先輩を立てて話すことがなかった。だからこうなってしまった」

逆に、きちんと礼儀礼節をわきまえた言葉づかいができていれば、

「さすがだね。前から、きちんとできていたから」

と思われます。

私は、社会から信頼されていて尊敬に値する人から見たときに、自分がどう見えるかをすごく考えます。自然とその人たちに近づけるように、あいさつの仕方を見習うようにしてきました。今日一日のこの瞬間を積み上げていった先に未来があるからです。

礼儀作法は気持ちよく受け入れてもらえることが大切

礼儀礼節で大切なのは、相手が不快にならないことです。自分が正しいことが正しいのではありません。相手に好かれるよりも、まずは嫌われないことです。

相手の表情、服装を見て対応します。

元気な10代の患者さんが、「先生、遅れちゃってすみませーん！」と謝ってきたら、「ううん、全然気にしなくていいよ」と言いますし、きちんとした40代の患者さんが、「遅くなって申し訳ありません」と謝ってきたら、「いえ、問題ありません。お気になさらないでください」と答えます。

10代の若い人に、かしこまって「お気になさらないで」と言えば、緊張するかもしれませんし、40代の大人の患者さんにカジュアルな対応をするのは、失礼だからです。

大切なのは、ＴＰＯに合わせた受け答えをすることです。崩した受け答えと、礼儀正しい受け答えを使い分けると、人間関係がうまくいきます。

「食べ方がきれいな人」は、常に好印象を与えられる

次にあげるのは「食事の礼儀作法」の一例です。みなさんはいくつ知っていますか。いずれも一流のレストラン・料亭を想定しています。

【食事の礼儀作法（一例）】
- ナプキンやフォーク等を落としたときはお店の人に拾ってもらう
- 食事が終わったあと、ナプキンは軽くたたんでテーブルに置く。きちんとたたむと「美味しくなかった」のサインになる
- 和食では、ご飯茶碗や汁椀、どんぶり、小皿は手に持って食べていい。大きな鉢や皿、刺身等の皿は持たない
- 洋食では、器を手に持たない

・ご飯をお代わりするときは、少し器に残した状態でお願いする
・食べ物に箸を突き刺さない
・食べ終わったあと、漆塗りのお椀の蓋は、裏返しにしたり、斜めにしたりせず、元の通りに蓋をする（お椀の蒔絵などを傷つけないため）
・高級レストランで料理の写真を撮りたいときは、お店の人に断る
・目上の人との会食では料理の写真を撮るのを避ける。撮りたい場合は相手に断る

ビジネスでは、ホテルや一流レストランでの会食の機会が少なくありません。プライベートでも、恋人と高級な料理店でデートをしたり、家族や仲間と一緒にお祝いのために、ワンランク上のお店に行くこともあるでしょう。

公私を問わず、コミュニケーションの場で「食べる」機会は少なくありません。マナーを心得ていてきれいな食べ方をする人と食事をするのは、気持ちよいものです。逆に食べ方がきれいじゃないと、印象がよくありません。

きれいな食べ方を身につけておけば、常に好印象を与えることができます。

いつも100点のフォーマルな食べ方をする必要はありません。多少崩すのは構わ

ないと思います。ただし、知ったうえで崩すのと、最初から知らずに崩れているのとでは、印象が違います。

少なくとも、一緒に食事をしている人に不快感を与えないことが大切です。不快感を与えないのが、最低限の礼儀作法といえます。

「食事の礼儀作法」は、ひととおり身につけておきましょう。

いまはインターネットや動画サイトでもテーブルマナーや箸の持ち方、和食の作法などを学べます。

また、一流といわれる店を経験しておくことも大切です。周りを見れば、自分が知らなかったマナーを学べます。

目指すのは、「食べ方がきれいだね」と人から言われるようになること。

食事の礼儀作法は、一度身につけてしまえば、生涯使えます。

身につけることで、みなさんの人生が変わっていきます。

身だしなみで大切なのは、「自分らしさ」よりも「TPO」と「清潔感」

人に会いに行くときには、自分らしい服装をしたほうがいい、個性を出したほうがいい、と考えている人は少なくありません。しかし、特にビジネスの場において、これは大きな間違いです。

クリエイティブな業種の場合は、個性を出してもいいかもしれません。「君、おもしろいね」と認められるかもしれません。

しかし、標準的なビジネスの世界では、必ずしも個性は重視されません。

極端な例ですが、打ち合わせに出向いた先の相手がスーツにネクタイ姿なのに、自分はアロハシャツに短パンだったとすれば、相手に違和感を与えます。場合によっては、非常識と取られます。相手が目上で、しかもマナーを重んじる人であれば、「出直してきてください」と言われる可能性もあります。

服装選びのポイントは次の４つです。

①会社の特性に合った服装にする
②迷ったらスーツにネクタイ
③場に合った服を選ぶ
④清潔感を大切にする

①会社の特性に合った服装にする

基本は会社の特性に合った服装を選ぶことです。

自分が属する業界では、どんな服装が受け入れられているかを観察して、合わせていきます。周りの人が、ラフな服装であれば、ラフな服装をします。

②迷ったらスーツにネクタイ

万人ウケするのは、男性の場合、「スーツ＋シャツ＋ネクタイ＋革靴」です。

世界のどこでも通用するスタイルです。海外でかしこまった打ち合わせがあるときは、紺か黒の上下のスーツに白いシャツとネクタイを用意していきます。蝶ネクタイを一つ持っていけば、パーティーにも対応できます。

あまり個性を求められない業界であれば、ネクタイは、「清楚さ」を感じさせるコーディネートがいいと思います。同系色でまとめると清楚に見えます。

黒いスーツだったら、靴下もネクタイも黒系にする。紺のスーツだったら紺系のネクタイにする。白いシャツはビジネスモードになりますし、ブルーにすると少しカジュアルさが加わります。

女性の場合は、スーツやワンピース＋ジャケットがビジネスの世界でのスタンダードです。

③場に合った服を選ぶ

パーティーならパーティーに合った服装、葬儀なら葬儀に合った服装で行くのが基本です。

私は洋服が好きで、よく買いにいきます。Ａブランドに服を買いにいくときは、Ａ

ブランドの服を来ていくようにします。するとお店の人が喜んでくれますので対応もよくなります。これも一つの場に合った服装の形です。

場に合った服装をすると、自分が落ち着いていられるだけでなく、人に喜んでもらえ、好印象をもってもらえます。あらゆる場面で人間関係がよくなる習慣でもあるのです。

④清潔感を大切にする

業界に関係なく身だしなみで大切なのは次の3つです。

- 清潔感がある（汚れていない）
- 臭いがしない
- アイロンがかかっている

清潔感があって、ぴしっとシワのない服をまとうのは社会人として最低限のマナーです。

「プラスアルファの配慮」は相手の心に深く確実に刺さる

私が「礼儀正しいな」「素晴らしい人だな」と思う人は、いつも相手の立場になって「何かしてあげられることがないか」と考えて行動している人です。

身近なところでいえば、配慮の行き届いたリマインドメールを送ってくれる人は、律儀で優れた人だと感じます。

「明日〇月〇日（木）13時からのお打ち合わせよろしくお願いいたします。
場所は、お伝えしておりましたとおり、弊社3階の大会議室です。
ご存じかと思いますが、弊社の住所と、弊社までの地図を添付いたします。
また、明日のお打ち合わせで使用する企画書も念のため、再度添付いたします。
前回お送りしたものと同じ内容です。

明日はあいにく雨が降る予報です。
お足元に気をつけてお越しください。
前回も中身の濃いお打ち合わせでしたので、今回も楽しみにしております」

こうしたメールを送ってもらえるときがあります。受け取り手としては、

- 自分のスケジュール帳（スケジュールアプリ）を確認せずに済む
- 打ち合わせ場所までの地図を調べなくて済む
- 会議の資料探しのために、以前もらったメールを検索せずに済む
- すぐに会議資料に目を通せるので事前準備ができる
- 天気に合わせた服装を事前に考えられる

など、大いに助かります。

もらった1通のメールで準備が完結します。
前回の打ち合わせのポジティブな感想もさらっと入っており、もらったほうは自己肯定感が上がります。

新型コロナウイルス感染症の流行以来、オンラインでの打ち合わせが多くなりました。

オンライン会議の場合も、1～2日前に会議のURLとともにリマインドメールを送ると親切でしょう。

チャットやLINEでは褒める言葉、感謝の言葉を必ず添える

「文章はその人自身を表す」といわれています。ビジネスシーンでチャットの普及率も高まっていて、文章の書き方はなお意識すべきです。

ちょっとしたひと言を添えるだけで、「この人はいい人だな、礼儀正しいな」と感じさせることができます。

私自身は、限られた人とのやりとりが多いです。その際に礼儀として気をつけているのは、必ず、**褒める言葉と感謝の言葉を告げる**ことです。褒める言葉や感謝の言葉

は、自分も相手も心地よくなる言葉、両者が幸せになる言葉だからです。

「いつもありがとう」

「よくやってくれるから助かるよ」

「送った記事の感想を書いてくれてありがとう。すぐに感想を送るのは、できない人が多いです。素晴らしいと感じました」

「この間の対応は立派でした。感激しました」

このような感じで、しょっちゅう褒めています。


褒められて、いやな気持ちになる人はいません。

褒める言葉と感謝の言葉を書く習慣が、優れた人間性を印象づけます。

素朴なことが自分の人生を変えていきます。日常生活でやり続けることが自分の人生を変える第一歩です。

「今度、お食事でも」を社交辞令ではなくワンランク上の礼儀に変える返信

取引先と打ち合わせが終わったあとに、

「今度、ぜひ、お食事でもしながらお話を伺いたいです」

とメールがくる場合があります。

これは、相手とのコミュニケーションを深める絶好のチャンスです。

多くの人は、これを礼儀の一環である社交辞令と捉えて
「はい、機会がありましたら、ぜひ、お食事しましょう」

と返してしまいがちです。

しかしこれでは、チャンスをみすみす逃してしまうようなものです。

せっかく誘ってくれているのです。社交辞令のままにしてしまうのも失礼です。

「この人との縁は深めておきたい」と思った場合、私は、

「そうですね。○○さんのご都合のよい具体的な日程をいくつか教えていただけますか？　すぐに私のスケジュールを確認します。お返事をお待ちしています」

と返信します。

そうしたら、必ず相手はアクションを起こしてくれます。

日時の連絡が届いたら、調整して、

「お食事の場所は、今回は私のほうで設定させていただきます。あらためてご連絡させていただきます」

と返します。

そうすれば、必ず、次につながります。

自分から、先に「今度、お食事でもしながら」とメールを送ってもいいと思います。

大切なのは、社交辞令で終わらせるのではなく、具体的な日程調整までもっていくことです。人との縁を次々とつなげていくコツです。

第4章

「礼儀礼節」の習慣 アクションリスト

- 1トーン高い声であいさつをする
- 2割の一流人の考え方と、8割の一般人の考え方をうまく取り入れる
- TPOに合わせた受け答えをする
- きれいな食べ方を身につける
- TPOをわきまえた身だしなみをする
- 配慮の行き届いたリマインドメールを送る
- 食事の約束を社交辞令で終わらせず、日程調整まで行う

第5章

「立ち直る（失敗）」の習慣

失敗は自分次第で「傷」にも「価値」にもなる

「失敗する」「失敗しない」という以前に、私には失敗の概念がありません。どのような結果が出ても、そこに価値を見出します。

価値を見出せれば、自分の力になります。

物事の結果が出たときに、ある一面からは失敗に見えても、ほかの面から見れば、成果（＝価値）になっていることはよくあります。


知人の話です。その人は20代で1度目の結婚をしましたが、性格の不一致で3年で離婚。周囲からは「バツイチ」と言われたり、親からは「辛抱が足りない」と叱られたりして、「人生で失敗しちゃった」と落ち込んでいたそうです。

でも、30代で新しいパートナーとの出会いがあり、2度目の結婚をしました。二人のお子さんにも恵まれて、幸せな家庭を築いています。

最初の結婚で経験したことが学びになって、いまの生活があると言っていました。一面だけを見れば、「離婚は失敗」だったかもしれません。しかし、ほかの面から見れば、いまの幸せな生活を手に入れるために不可欠な経験だったともいえるのです。


もう一つ、例をお伝えします。

書店に流通される本には、商業出版と企業出版があります。簡単にいえば、商業出版は出版社が制作費を出してつくる本。企業出版は企業が制作費を出してつくる本のことです。

読者ファーストでつくられる商業出版と比べて、著者サイドのカラーが強く出る企業出版は、不特定多数の人に読まれるという側面は少ないかもしれません。つまり、ベストセラーにはなりにくい。

でも、企業出版という形態で本を出される経営者の方は多くいらっしゃいます。それはなぜか。

本を出したことで、雑誌の取材依頼が来たりして認知度が上がったり、信頼性が高まることで、会社にとっては十分な利益を得ることができるからです。
思ったほど本が売れなかったとしても、それ以上のブランディング価値があれば、出版は成功といえます。

結果の価値を見つけるには、次の問いかけをします。

「この結果から何を学んだのだろう」
「この結果は私に何をもたらしたのだろう」

たとえ、失敗に見えたとしても、必ず結果には価値があります。
その結果は、必ず未来の力になります。
いつまでも失敗にとらわれず、どんな学びがあったか考えましょう。

失敗したときに自分の頭で考えない

同じ失敗を繰り返す。人から「全然学ばないね」と言われる。よくあることです。失敗を繰り返してしまう傾向がある人へは、次のアドバイスをしています。

「失敗したときに自分の頭で考えない」

失敗した時点で、頭の中は「失敗するスペック」になっています。解決方法を知らない。頭の中に解決方法のスペックが入っていません。

「なぜ失敗したか」一度考えてみることは大切です。同時に、本を読んだり、人に聞いたり、ネットで調べたりして、情報を集める。

「次からは失敗しない」ように自分の中にない知識を補足します。

「人間は失敗によって進化してきた」とある本に書かれていました。失敗は、進化・成長のために欠かせないのです。

失敗を価値に変えられないことが本当の失敗です。
失敗をしたら、進化、成長につなげましょう。

自分だけの「立ち直るための型」を考えておく

生きていれば、誰でもメンタルが落ちることがあります。

私もつい最近メンタルがガクンと落ちました。周囲の人に話すと、「まさか！　井上先生が？」と驚かれました。

若い頃に受けた自己啓発のセミナーでは「人はミッションがあれば、目的が明確だから、心や体のエネルギーは落ちない」と習ってきましたし、自分自身もコーチとして受講生たちにそう教えてきました。

ですから、自分でも意外でした。でも落ちました。やる気がなくなり、「病気かも」と不安に思うと、ますます気持ちは落ちていきました。

このままではまずい。そう思っていると、

「問題があれば原因を探る。原因が見つかったら対処法を考える」

という考えが頭をよぎりました。医療従事者としての本能かもしれません。

メンタルが落ちている(＝問題がある)のだから、原因(＝理由)を自分で分析しようと思いました。

思い当たることは3つありました。

一つは、応援したいと思っていたAさんが、いくらアドバイスをしても聞き入れてくれなかったこと。「いい素質があるのにもったいない。何とかしてあげたいのに、どうしてなんだろう」という気持ちが、知らぬまにストレスになっていました。

もう一つは、新型コロナウイルス感染症の影響で対面のコミュニケーションが減ったことです。

新型コロナウイルス感染症の蔓延により、講演会も、打ち合わせも、取材もすべてがオンラインになりました。相手のリアルなリアクションを感じ取れなくなったため、自分のテンションが上がらないのです。それまで、リアルな聞き手の反応に自分がどれだけ支えられていたのかを気づいたのと同時に、それがなくなったことが、私に大きなダメージを与えたことがわかりました。

3つ目は自分の年齢です。私は先日、60歳の還暦を迎えました。いまは体調もよく体形の維持もできていますし、自分では若いと思っています。歯科医院の売り上げもいい状態を保ってきていますし、著者としても出版社の方々が声をかけてくれます。

でも、あと10年経ったら70歳。10年後もいまと同じようにできるだろうか。医院は何とかやっていけると思います。だけど、出版はどうでしょう。声をかけてくれる編集者はいるだろうか。コーチングの仕事はどうだろう。ずっとアクセルを踏み続けてきたけれど、これから先も同じ状態を続けられるのか……。

そんなストレスとプレッシャーがありました。

一つひとつの原因と向き合う

自分なりに一つひとつの原因と向き合いました。

応援したいと思っていたAさんの件は、人との関わり方の問題です。Aさんがいまの状況を変えたいのであれば、Aさん自身が100％変わるくらいの気持ちにならないと難しい。でも、いくらアドバイスをしてもAさんの気持ちは変わらない。結局、人は変えられない。であれば、私自身が変わるしかない。

Aさんに関わってストレスを抱えてもしょうがない。応援を続けるにしても、これからは間接的に遠くから応援して見守ろう。

そんなふうに自分の立ち位置を明確にすると、心が楽になりました。

2つ目の対面コミュニケーションがなくなったことでテンションが上がらなくなったのは、喪失感が理由だと思いました。それまでと同じリアクションを失ったためです。その喪失感を埋めるにはどうすればいいか。いまの自分にできることはないか。

行き着いたのは、「自分をもっと磨こう」という考えです。

次の対面のイベントなり、講演なりのチャンスが来たときに、より磨きのかかった姿でステージに立てるようにしよう、と決めました。

まずは体づくりをし、知性も磨いていく。

次なる目標が頭に浮かんだ瞬間、元気が出てきました。早速、より高い完成度を目指したボディーメイキングの計画を立て始めると、くよくよしていた自分がいなくなっていました。

「自分をもっと磨こう」という考えが浮かんだとき、3つ目の年齢を重ねることへの不安も消えました。

10年後も元気で若々しくいるために、いま自分を磨き始めよう。これからもいろいろな体験をして、教養を身につけて、聡明な自分になろう。10年後、輝く自分でいよう。

そう思うと、10年後に停滞している自分ではなく、突き抜けていく姿の自分を感じられて、すっかり元気になりました。

もやもやした感情は「利害関係のない人」に打ち明ける

前の項目の私のメンタル落ち体験からわかったのは、抜け出すには次の3ステップが有効だということです。

【メンタル落ちから抜け出す3ステップ】
ステップ① メンタルが落ちてきたと思ったら原因(＝理由、問題)を思いつくだけ机上に並べる
ステップ② 一つひとつの問題に向き合う
ステップ③ いまの自分にできること(時間を有効に使うこと)に頭をシフトさせ、行動に移す

ただ、これはメンタルが落ちたときの対応としては、上級編かもしれません。私はメンタルトレーニングに投資をしてきましたから、切り替えも早くできたのでしょう。そこで、ここからは、初級編の「メンタル落ちの対応」についてお話しします。

メンタルが落ちたときの対応で即効性があるのは、**自分の悩みを人に話すこと**です。話し相手は、身近な人は避けます。身近な人だと、気をつかって、ストレートに悩みを話せなかったり、「ああ、あの人のことは私も気に入らない」と共感されて、逆に心が波立ってしまう可能性があるからです。

できるだけ、仕事などで利害関係のない人を選びましょう。

寄り添って話を聞いてくれる人がいいです。

付き合っている彼や彼女と別れた話をしたときには、

「そうなんだね。彼（彼女）と別れてしまったんだね」

職場にムカつく人がいることを打ちあけたときには、

「そっか。ムカつく人がいるんだね」

とただ話を受け入れてもらえれば、それだけで少し心は軽くなります。
悩みを話すだけでもラクになるのです。ラクになると執着しているものを手放すことができます。

新しい情報を入れていら立ちを薄める

ずいぶん前の話です。私の経営する歯科医院に勤務していたスタッフが、突然「辞める」と言い出したことがありました。力を入れて教育した、優秀なスタッフでした。できれば残ってもらいたいと思いました。

詳しく話を聞いたところ、「今すぐほかの仕事をしたほうがいい」と助言を受けた、というのです。

そういうこともあるのかもしれません。しかし、私はその理由があまりにも脈絡がなく漠然としていたことと、急だったために、困惑しました。「さすがに、それはないだろう」と思いました。

待遇や勤務時間などが理由であれば対応もできますが、知らない方の単なる助言では、こちらは何もできません。スタッフの成長につながるのであれば喜んで送り出しますが、そうでもなさそうに思えました。

残ってもらいたいと説得しましたが、聞く耳をもってくれません。本人が辞めたいと言うのだから仕方ない。無理に引き止めることはできない。頭ではわかっていました。しかし、当時は私も若かったこともあり、そのスタッフと顔を合わせるだけでいら立ち、二人の間の雰囲気はギクシャクしていました。

とはいえ、私は経営者です。ほかの社員や身近な人に、自分のクリニックのスタッフへのいら立ちを話すわけにいきません。

その頃から、東京行きが多かったので、上京した際に会った人（歯科業界とは関係のない人）に、「本当にイライラするんだよね」と話しました。

心身統一合氣道会の継承者で心の問題にも詳しい藤平信一先生にも

「頭の中ではわかっているんですが、心の中で許せない自分がいるんです」

と相談しました。すると、こう教えてくれました。

「井上先生、コップの中に落とした一滴のインクは取り除けません。だけど、新しい水を加えていくと、どんどん薄めることができる。自分の中に新しいことを取り入れて、いら立つ気持ちを薄めていってはどうですか」

イラッとする人から離れて、ほかの新しいことに取り組んでいく。自分の心の中が新しいことで満たされていくにつれて、イラッとする感情が薄まっていく。そのうちに、イラッとする本人を目にしても、違う見方ができるようになる、というお話でした。

自分が変われば、相手も変わる

もやもやしていた感情を東京で吐露して少しラクになり、「しょうがない」という気持ちになれました。

帯広に戻ったときには、「うちを辞めて、ほかの仕事をしていいよ。頑張ってね」とそのスタッフに応援の気持ちも込めて言えました。

すると、相手の気持ちも一瞬で変わったようでした。氷が溶けたように、柔らかないい笑顔を見せてくれたのです。

こちらが執着しているときは、その執着に対して怒りのエネルギーが返ってきます。引き止めるほど、「絶対に辞めます」と向こうも頑なになっていました。

ところが、こちらが執着を手放して相手の気持ちを受け入れた途端、相手の気持ちが和らいで穏やかな雰囲気になったのです。

自己啓発書を開くと、

「相手を変えたければ、自分が変わりなさい」

と書かれています。

その言葉を実際に体験できた瞬間でした。

いい関係のままそのスタッフを送り出してあげることができました。

イラッとしたときの魔法の言葉「ここは器を大きく」

「反りが合わない上司とはどう付き合えばいいですか。いつもその上司のいやなところばかりが目につくんです」と相談を受けました。私の答えは

「自分を変える」ことです。


反りが合わない、いやなところが目につく人は、おそらくほかの人にとっても反りが合わない人であり、いやなことをする人です。

なぜ、いやなことをするのか、それには必ず何か背景があります。

ですから、

「この上司はいろいろな辛いことがあるんだろう。私にとっていやなことではあるけれど、受け入れてあげよう」

と自分の考えを変える。口に出さなくても、自分のスタンスを変えるだけで、相手はいい人に変わります。

私のクリニックには、まれに、何を言っても聞き入れてくれない患者さんが来院されることがあります。一瞬、閉口します。しかし、

「ほかのところでも、同じように振る舞っていて、相手にされていないのかもしれない。だとすれば、私だけでも話を聞いてあげよう」

と自分のスタンスを決めて接すると、その人は俄然いい人に変わります。

これは潜在意識（=自覚していない意識）のエネルギーの法則によって、自分の波動が相手に伝わって共鳴するからです（潜在意識についてここでは詳解を省きます。詳しく知りたい方は、拙著『人間関係が整うとすべてうまくいく』（KADOKAWA）をご覧ください）。

自分が心を開くと、相手も心を開いてくれます。

食事の約束をしていた相手が30分遅れてきたとします。
「なんで遅れてきたんだよ」と相手を責めて、イライラしていたら、食事の間じゅうずっとイライラが続いて、せっかくの食事の時間が台無しになります。
遅れたほうも待たされたほうも気分が悪くなります。

そこで、遅れてきた相手に「大丈夫？　何かあった？」と声をかけ、心配してあげる。相手がすまなそうに「ごめんね」と謝ってきたら、「全然平気だよ。スマホで電子ブック読んでいたから」と返してあげる。

すると、相手は恐縮しながらも「あー、怒っていなくてよかった」と気持ちがラクになりますし、あなたに対しては「器の大きな人」という印象が残るでしょう。好感をもち、認めてくれて、尊敬もされます。

私にはイラッとしたときに、心でつぶやく言葉があります。

「ここは器を大きく」

イラッとしたときに、自分の感情をあらわにすると、相手との関係性が悪くなります。怒ると必ず相手も怒るからです。

人との関係性を悪くしてもいいことは何もありません。自分にとっても、相手にとってもです。

イラッとくるときほど、器を大きくして自分の気持ちを抑える。すると、相手は恐縮したり、謙虚になったりします。穏やかに接すると、相手も穏やかになります。

自分の気持ちを抑えるには努力が必要です。

簡単ではありませんが、努力をすると必ずギフトが返ってきます。

あなたへの「尊敬」であったり、「好印象」であったり、「良好な人間関係」というギフトです。お金では決して手に入れられないギフトだと思いませんか？

日頃から器を広げる方法

器が大きい人とは、心が広くて、小さいことをいちいち気にしない人のことです。ほかにも、ちょっとしたことでイライラしない、ピンチが来ても動じないで落ち着いて対応する、人の過ちを責めず許してあげられる……などの特徴があげられます。

器を大きくする方法の一つは、世の中にはいろいろな価値観があると知ることです。自分とは異なる価値観を否定するのではなく、ありのままに受け止めることです。

価値観の多様性を知る方法はいろいろあります。本を読む、人と話をする、海外旅行をする。

私が、手軽に価値観の多様性を学べると実感しているのは、ヤフーニュースのコメント欄です。

一つのニュースに対して、「犯人が悪い」「社会のこういうところが悪い」「こういうふうにすれば、事件は防げたのではないか」など、注目のニュースであればあるほど、さまざまな書きこみがあります。

時間があるときは、できるだけコメント欄を一つずつ読んでいきます。

自分になかった視点に気づくケースも少なくありません。

「あっ、そういう考え方があったんだ」

「そういう見方があったんだ、なるほど」

と受け入れられたときに、自分の器が少し広がるのを感じます。

器を広げるコツは、まずはそのニュースに対して、自分なりの考えをもつことです。

自分はこういう問題意識を持っているけれども、ほかの人はどう思っているのかな、という視点で見ていくと、気づきも多いですよ。

「失敗が許されないとき」の最善の尽くし方

「私、失敗しないので」

どんな壁が立ちはだかろうと屈せずに、失敗しないと断言するドクターの決めゼリフも話題となり、評判になった医療ドラマがありました。

私も歯科医師ですから、失敗は許されません。

失敗はしてはいけないもの、と捉えています。

「失敗する前に失敗しない生き方をする」「常に失敗しないように行動する」ことを心がけています。

失敗しないためにどうすればいいか。

注意しているポイントは４つあります。

【失敗しないための４つのポイント】
①自分の実力以上の計画を立てない
②失敗しそうな事柄をリストアップし、回避の手段を考えておく
③ベテランの力、知恵を借りる
④途中での撤退を恐れない（無理をしない）

①自分の実力以上の計画を立てない

失敗する人の多くは、自分の実力以上の計画を立てています。

自分の実力に見合う計画を立てて目標を達成する。達成したときに、課題を見つけるようにします。

×できない計画を立てる→できない→失敗する

○できる計画を立てる→遂行する

資格試験の勉強であれば、「今日はテキストを20ページ覚えよう」と「できる計画」

を立てる。遂行したあとに、「あともう5ページは余裕でできた」と思えば、翌日は25ページに増やす。そのほうがストレスなく、やる気も高まります。

②失敗しそうな事柄をリストアップし、回避の手段を考えておく

手術の際は予想されるリスクをすべて洗い出して、回避の手段を考えます。リスクマネジメントをしっかりしておきます。

③ベテランの力、知恵を借りる

若い頃のことです。手術のトレーニングが済み、基礎的な技術は身につけているけれど、少しハードルの高い手術をしなければならなくなった、という状況がありました。そのときは、スペシャリストの先生にお願いして、一緒に手術をしました。リカバリーもできますし、助言ももらえます。失敗することはありません。

若手で失敗の不安があるときには、先輩や上司にどんどん相談して、知恵を借りながら、プロジェクトを進めると失敗を回避できます。

④途中での撤退を恐れない（無理をしない）

「これ以上進めると問題が発生する」と判断したときは、手術は中断します。無理をしない対応をします。

会社でプロジェクトを進めていくなかで、状況が厳しくなりそうだと判断したら、状況が悪化して「失敗」になる前に、途中でやめる勇気も必要です。

失敗する前に最善を尽くす

医師じゃなくても、日々失敗をしないことは大切です。

失敗する前に「できること」を考えておく、手を尽くしておきます。

ある日、歯科医院の朝礼のときに、受付のスタッフからキャンセル対応の報告がありました。

「治療時間を多く確保している特別な患者さんの予約のキャンセルが出ましたので、ほかの患者さんに連絡をしましたが、来られる方はいませんでした」

私の歯科医院は予約制で、予約をされた患者さんのために、ある程度の時間を確保します。キャンセルが出ると、その時間がぽっかり空いてしまうので、経営上避けなければいけません。もちろん、治療を先延ばしにするのは、患者さんにとってもいいことではありません。

「キャンセルした患者さんに『次回は大切な治療ですから、必ずいらしてくださいね』と伝えましたか？」

と聞きました。それはやっていないということでした。来てもらうためのひと言を添えるだけで、キャンセルを防げた可能性は高いです。

デートの約束をする場合でも、

「明日は予約の取れないことで有名なレストランを予約しているよ。会うのを楽しみにしているよ」

ひと言添えれば、「急に行けなくなった」という事態はほぼ避けられると思います。

来てもらうために最善を尽くすことが大切です。

「飲み物を人にかけてしまったとき」にすべき5つのこと

先日、ホテルのパーティールームで開催された、ある方の出版記念パーティーに主賓として招かれました。

主賓の丸テーブルは私を含めて6名が着席。卓上は背の高い透明のアクリル板の衝立で一人分ずつ仕切られていました。新型コロナウイルス感染症予防対策のためです。

隣の席にいた知人のYさんと話をしているとき、私の手が触れて、この衝立を倒してしまいました。テーブルにあったグラスが倒れ、Yさんにシャンパンがかかりました。

このときの、私とYさんの対応を見ていた方に、

「井上先生とYさんの対応がスマートで、本当に勉強になりました」

と言われました。

私の対応は次の通りです。

まずYさんに「申し訳ありません。大丈夫ですか」と言葉をかけました。

Yさんはいやな顔一つされず、「全然大丈夫ですよ。お気になさらないで」とおっしゃってくれました。

私は、すぐにホテルの方をジェスチャーで呼びました。大声で呼ぶと、進行中のパーティーに差し障るからです。駆けつけたホテルの方に、おしぼりを頼み、できればドライヤーでYさんの洋服を乾かして差し上げてほしいとお願いしました。その後、Yさんはスピーチをされることになっていたので、気持ちよくお話しできるような状態までもっていかなければ、と考えたのです。

Yさんは、おしぼりを受け取ってさっと洋服を拭いただけで、

「もう、大丈夫ですよ」

とゆっくり笑顔でおっしゃって、そのまま私との会話を続けました。

その後、何ごともなかったように壇上に立ち、会場を沸かせるスピーチをされました。

私はこうしたトラブルが起きたとき、プロセスとして何をすべきかを考えます。

- 謝罪する
- 大丈夫か、ケガはないか確認する（安全の確認）
- 相手の気持ちに配慮する（不快にならないように、気持ちよく過ごしてもらうにはどうすればいいかを考える）
- トラブル（洋服を濡らしたこと）への具体的な対応をする
- イベントが終わったあとに再度謝罪する

トラブルがあると「どうしよう」「どうしよう」と気持ちばかりが焦ってしまいがちです。人に対してのことだとなおさらです。そんなときこそ、感情を外に置くように心がけ、落ち着いて、相手にとって最良の対応を考えるようにします。

ご迷惑をおかけしたYさんの対応も素晴らしかったです。お祝いの場であることに配慮され、騒ぎが大きくならないように、私だけでなく、ことに気づいた周囲の方々にも「大丈夫ですよ」と穏やかに静かに声をかけられていました。

謝るときは、「謝罪」+「謝罪の理由」をセットで伝える

どんなに気をつけても、人に迷惑をかける失敗をすることはあります。
そのときに大切なのは、正直に謝ることです。
しかし、それ以上に大切なことがあります。

謝る前に「なぜ謝らなければならないのか」を考えることです。

自分が失敗をしたことで、

- 誰にどんな迷惑をかけたのか
- 人への損失、社会的な損失、経済的な損失がどのくらいあるのか

などを整理して考えます。

「なぜ謝らなければいけないか」を考えると、改善策も見えてきます。

謝るときには、

「今回、○○という失敗をしてしまい、会社にも、関係者の方にもご迷惑をおかけしてしまいました。本当に申し訳ございませんでした。今後は○○の対策をして再発しないように気をつけます」

と言えれば、失敗の再発を防ぐ可能性は高く、迷惑をかけてしまった相手の気持ちもある程度収められるでしょう。

もし、「このたびは、ご迷惑をおかけして申し訳ございませんでした。今後は同じことが起きないように気をつけます」と謝った場合、迷惑をかけられたほうは、口には出さなくても、「『これからは気をつける』っていうけれど、本当に大丈夫?」と思っているかもしれません。

ビジネスでは、本心を明かさないケースが少なくありません。本心を言わずに、「また失敗されるのは不安だから」と違う会社に頼んでしまう人もいるでしょう。

きちんと対応策まで伝えて真摯に謝ることで、信頼回復につなげられます。

迷惑をかけた元上司に謝りにいくと再び縁ができる

かつて働いていた職場でのコミュニケーションで、「当時は気づかなかったけれど、いま思えば、あれはかなり上司に迷惑をかけてしまったに違いない」と気づき、謝っておきたいと思うのであれば、時間が経ったあとでも、謝ったほうがいいでしょう。

元上司とアポイントメントを取り、

「あのときは謝罪できていなかったのですが、自分も部下ができて、すごくご迷惑をかけていたんだと気づきました。本当に申し訳なかったです」

と謝れば、相手は「成長したな」と思って喜ぶのではないでしょうか。

私だったら嬉しいです。「立派になったな。嬉しいよ。今度、機会があったら、また一緒に仕事をしようよ」と声をかけるでしょう。

時間が経ってからの謝罪によって、人間関係を新しく構築する可能性が出てきます。

失敗しないために、積極的にトライアンドエラーをする

「トライアンドエラー（試行錯誤）を繰り返して、目標を達成しましょう」

ビジネス書でよく見かけるフレーズです。ただ、練習の際のトライアンドエラーはいいと思いますが、本番ではよくありません。

本来、トライアンドエラーは、テストマーケティング（試験販売）で行うものです。

健康食品の通信販売会社やずやは、年間100億円を稼ぐために、あらかじめ調査をしたうえで「絶対にいける」と確信をもって、最初の5年間に50億円を広告費に投入したそうです（『100億マニュアル　ロケット・マーケティングで顧客を掴め』梅澤伸嘉・西野博道著、橋本陽輔監修、日本経営合理化協会出版局）。

新入社員であれば、トライアンドエラーもいいでしょう。

初めての仕事でわからないことばかりですから、間違えるのは当たり前です。

失敗を恐れて、行動しないよりは、まずは行動をして仕事に慣れることが大切です。

新人でない場合は、ものごとを始める前に、知識を十分にもって、成功すると確信をもつことが大切です。


新人に指導をする際、私は事前にアドバイスをすることはありません。質問には答えますが、基本は自分で考えてやってもらいます。

「私がすべての責任をもつから、自分でやってみて」

と言います。

最初から教えて、うまくいくと、「考える」ことをしなくなるからです。

「失敗しないためにどう勉強すればいいか」を覚えてもらいます。

それが成長につながります。

第⑤章

「立ち直る（失敗）」の習慣 アクションリスト

- メンタル落ちから抜け出す3ステップ
  ①メンタルが落ちてきたと思ったら
  原因（＝理由、問題）を思いつくだけ机上に並べる
  ②一つひとつの問題に向き合う
  ③いまの自分にできること（時間を有効に使うこと）に
  頭をシフトさせ、行動に移す
- 自分の中に新しいことを取り入れて、
  いら立つ気持ちを薄める
- 「ここは器を大きく」と心でつぶやく
- 失敗から価値を見出す
- なぜ謝らなければいけないのかを考える

第6章

「自愛」の習慣

他者への思いやりは、「自愛」からはじまる

自分を大切にできれば、他人を大切にすることができます。人間性の優れた人は、他人を思い、自分に厳しく責任をもつと同時に、自分を大事にしているのです。

「自愛」とは、自分を愛すること、ありのままの自分を認めることです。
自分のことを好きでいることが、いちばん幸せな状態です。
自分と人を比較して、自分はダメだと自己否定する状況は、幸せではありません。
究極の自愛は、自己肯定感と一緒だと思います。

誰との比較でもない、自分を素直に認めるのが自愛です。
完全に自分が満たされているのが自愛であり、周囲から見られたときに「どうか」

と思ったり、周りと自分の違いを感じてしまうのは、自愛の状態ではありません。

自愛ができていないのは、「本当の自分と付き合えていない」「自分で自分を満たせていない」のと同じです。そのため、ほかのもの（たとえばブランド品）で自分を満たそうとします。

もので満たすのは悪いことではありませんが、自分自身との付き合い方が浅い状態といえます。

自愛力を高めるには内観する

自愛力を高めるには、「自分はなぜこういうことをしているのか」と、自分と向き合う（内観する）ことです。

自分に問うときに大切にしたいのは、「善なる正しさによる意思決定」だったかどうか、「善なる意思決定による行動」だったかどうかです。「善なる正しさ」に従っているときは、社会に対して調和がとれている状態になります。

他者との比較ではなく、社会から見て善なる正しい行動をしている自分かどうかを考えます。

社会から見て善なる行動をしている自分に気づければ、高価なものを持たなくても、幸せでいられると思います。

2日間完全オフにして自分自身と向き合ってみる

自分と向き合う場合、完全オフにして2日間くらい考えたほうがいいです。

私は2日間、泊まり込みで自分と向き合うセミナーに参加したことがあります。外出は禁止。携帯電話を主宰者に預けて、鉛筆と紙だけ与えられて、ひたすら自分と向き合いました。それが終わったときに母親への感謝の気持ちが強くなったり、人との関わりについて考えさせられました。大きな気づきがありました。

そうしたセミナーに参加するのも一つの手ですが、自分でホテルなどを手配して、環境をがらっと変えて、2、3日自分と向き合う時間をとるのもいいと思います。

「自分の強み」を過剰評価していい。できないときは悩みを出しきる

内観をするときは、まず、自分の強みにフォーカスします。

私であれば、強みは人と違う結果を出してきていることです。強みにフォーカスすることで自己肯定できます。

私より優れている方は世の中にたくさんいらっしゃいます。しかしそのような方でも、必ずやどこか人より劣っていたり、失っていることもあるでしょう。

大切なのは、相対的なバランスです。

例えば、私は仕事で成功している部分はあると思います。だけど、私よりもっと成功しているAさんもいる。でも、Aさんは仕事で成功しているからといって、家庭で満たされていない可能性もある。もしかしたら、介護で悩みを抱えているかもしれません。

そう考えていくと、ある部分だけを比較しても仕方ないことに気づきます。
人は結局、すべて満たされることはないのです。
だとすれば、自分の中で、価値あるところだけを見ていく。
自分の価値観と自分自身が合えば、自己肯定できます。

私は体形や健康について、自信をもっています。私以上に体つきがキレイな方もたくさんいますが、私は、自分の価値観に合った体形になっていると思うので、これでいいと自分を認められます。体形を維持するために、膨大な時間とお金をかけて努力もしているから自己肯定できるのです。

足りないところがあっても、自己否定はしません。
どうすれば、よりよくできるかを考えていきます。

すると、自愛が強くなっていきます。

悩みは吐き出しておく

悩みがある場合、心にたまったものが邪魔になって自分自身と向き合えないこともあります。これでは、いくら時間をとって内観しても、効果を得るのは難しいです。

その場合は、人に相談するのもいいでしょう。

相談することで、自分の気づけない自分のよさにも気づけます。

問題を吐き出すことで、心がラクになってきます。

このように気持ちがニュートラルになれば、内観はさらなる気づきを与えてくれるでしょう。

犠牲的になってはいけない。やめていい「気づかい」がある

自愛を育むうえで大切なのは、気が進まない人との付き合いや性に合わない仕事をやり続けないことです。

「一緒にいて心地のいい人とだけ付き合う」という意味ではありません。それでは成長がありません。お互いを認め合える、気づいたことははっきり言い合える人と一緒にいることが大切です。

自分のことを愛せる生き方を目指しましょう。

この意味においては、私自身は、成長している自分を愛せます。

学びに関しては、性格的にいやな人であっても、「この人の研究は素晴らしい、学べることがある」と思えば、その人から学びます。

自分が成長できる領域は共有しますが、そうじゃない部分は付き合いをしません。

たとえば、とてもいいセミナーをする講師だけれど、酔うと乱れて好きになれない人がいたとすれば、セミナーだけ受講して、そのあとの懇親会などは行かないようにします。


セミナーの内容もプライベートも何もかも完璧、という人はなかなかいません。

プライベートがだらしないから、と遮断するのではなく、その人の学べるところを学ぶようにすればいいと思っています。

自愛があれば、他者を大切にできる

私の筋トレのパーソナルトレーナーは、20代の方で宇田川裕太さんといいます。いつも筋肉のことばかり考えていて、「最近、何してた?」と聞くと、「筋トレしていました!」と答えます。筋肉と栄養の関係にも詳しく研究熱心です。大会に出るためのボディーメイクに余念がありません。

常に自分と向き合い、自分を大切にしています。人のものさしではなく、自分のものさしで自分を見ています。

自分を受け入れていると、いつも満たされているので、他人に対しても穏やかで親切です。

私は週2日、彼のいるジムに通っていますが、いつも「わかりました!」と受け入れ、「大丈夫です！」と励ましてくれます。

「今日はちょっと寝不足で辛いんだよね」と言えば、

「わかりました！」と言いながら、やることは変えずに
「井上先生、大丈夫ですよ。まだいけます。動かせるのは健康な証拠です」

と元気に励ましてくれます。

別の日に、肩甲骨を動かす複雑な動きを覚えるとき、私が、

「無理だよ。（そういうふうには）動かないよ」

とあきらめようとすると、

「大丈夫です。僕がちゃんと（手伝って）動かしますから」

と励ます。

相手が長年通っている私だからではありません。ある女性が、

「トレーニングで筋肉がついたから、スカートが入らなくなっちゃったわよ」

と愚痴をこぼせば、

「わかりました！　そこは一切筋肉をつけないように進めます。始めましょう」

と応じます。

誰が何を言っても、否定せず、「わかりました！」「大丈夫です」と、元気に答えてくれます。彼自身が自分に自信をもっているからこそ、相手を受け入れることができるのでしょう。

いつでも気持ちのいいコミュニケーションができますから、何か手伝ってあげたいと思って、いろいろな方をご紹介しています。気難しい人も彼には心を開きます。

自分を愛し、他者を大事にできる人は、人からも愛されるのです。

第6章

「自愛」の習慣 アクションリスト

- ありのままの自分を認める
- 内観する
- 2日間完全オフにして自分自身と向き合ってみる
- 悩みを完全に吐き出す
- 「気が進まない人との付き合い」をやめる
- 「性に合わない仕事」をやめる
- 自分を大切にする
- 自分のものさしで自分を見る

第7章

「成長」の習慣

成長とは、「続けていく力」

お金をもらうことだけが目的になると、豊かな人生とはいえない。
私はそう考えています。持続する力を養い、仕事を続け、お金以外の働く目的をもつことで、人生は豊かになるのではないでしょうか。

「強みを生かして転職をしましょう」というフレーズをよく耳にします。
私は、あらゆる強みの土台となるのが、「続けていく力」だと思っています。

続けていく力こそが、誰にとっても真の強みであり、圧倒的な強みであり、将来、自分が困らない力です。

多くの人は、いまの自分が「手際よくこなせること」「やりやすいこと」、それを見て「周りの人が褒めてくれること」こそが自分の強みだと勘違いしがちです。

たしかに「手際よくこなせること」「やりやすいこと」はラクです。自分の強みを「やりやすさ」と勘違いすると、「やりやすさ（＝ラク）」を求めて転職を繰り返す可能性があります。残念ながら、それでは成長を望めません。

いまはたとえ苦手であっても、それが「価値がある仕事」と考えられれば、続けていける。繰り返すことで磨かれ、本当の強みになります。

ときどき、インプラントの手術を見学にいらした医療関係の方に「井上先生は、手術が速くて上手ですね。手先が器用なんですね」とお褒めいただきます。手術の技術を褒められるのは、歯科医師として大変嬉しい瞬間です。

しかし、若い頃から手先が器用だったかといえば、決してそんなことはありません。ただ、歯科医師になってから可能な限り多くの医療系セミナーに通い、できる限りの時間を練習に費やしたのは事実です。

強みをつくるには圧倒的な時間が必要なのです。

手術の見学にいらっしゃる大手のインプラントメーカーの方は、私をサポートする手術のアシスタントも褒めてくださいます。

「手さばき、動きがほんとうにいいですね。なかなかいませんよ」

よく褒められるアシスタントの一人がNさんです。

Nさんは15年ほど前にいのうえ歯科医院に入職（＝企業でいう「就職」）しました。最初は驚くほど何もできませんでした。動きが遅かったり、失敗も多く、失礼ながら「こんなに仕事のできない人もいるんだ」と頭を抱えてしまったほどです（いまでは、笑い話として本人にも伝えています）。

入職当初は、歯科助手をしていましたが、インプラント手術のアシスタントが一人退職したため、Nさんが引き継ぎました。ここでも、仕事が特別できたということではありませんでした。

しかし、研修があれば熱心に受け、質問をしては学び、手術のないときは器具を手に持って、動かし方の練習を繰り返していました。

この努力の積み重ねが功を奏して、いまでは、おそらくどこの歯科医院に行っても一流といわれる、最高のアシスタントとしてやっていけるまでになりました。インプラント手術のアシスタントという仕事は、いまや彼女の強みになっています。続けていく力があったからこそ、圧倒的な強みを手に入れられたのです。

人の役に立つことを考えてみる

なかなか続かない。続けたいと思ってもいつも挫折してしまう。

そんな経験をもつ人は少なくないと思います。

しかし、続けていく力は、実は誰もがもっています。引き出し方を知らないだけです。だから、途中でやめてしまったり、続かなくなってしまったりします。

続けていく力を引き出すコツは、自分が取り組む目的や目標を明確にすることです。

私であれば、

「歯科医師として心から安心して満足いただける医療サービスを提供する」

という目的がありました。満足していただける医療サービスを提供するには、自分の技術を少しでも高めなければなりません。だから頑張れました。

手術アシスタントのNさんは、「前のスタッフ（引き継いで辞めたスタッフ）よりも上手になりたい。実績を上げたい」と思っていたそうです。それが彼女なりの目標でした。

仕事で自分を成長させたいのであれば、目的を明確にすることが大切です。

人によっては、生活のため、お金を稼ぐため、と答えるかもしれません。もちろん、悪いことではありません。生活のためにお金を稼ぐのは大切なこと。人生で不可欠です。ただ、「お金のためだけ」になると、「お金が入れば、仕事は何でもいいや」となりかねません。いい加減な仕事にもつながります。

人生の貴重な時間を使って仕事をする以上は、お金以外の目的をもったほうがいい。人生が豊かになりますし、成長できるからです。

自分なりに仕事に対する目的を見つけましょう。

仕事の目的を見つけるには、

「仕事を通じて、いま所属している会社や同僚、クライアントの役に立つには、自分はどうしたらいいのだろう」
「どうしたら自分の周りの人を幸せにできるのだろうか」
と考えてみることです。

「人の幸せ」「人の役に立つこと」を考えながら仕事に取り組むと、やりがいや楽しさが見えてきますし、自分なりの仕事の目的も見つかります。目的が見つかれば、多少辛いことがあっても我慢できたり、続けられたりします。

取り組んでいる仕事の価値を問い続ける

成長するためには、自分がやっている業務、仕事の内容について、常に「どういう価値があるか」問うことが大切です。

いのうえ歯科医院では、スタッフが考えて、毎月、ニュースレターを作っています。「歯や健康に関する食の情報」や「歯の最新情報」「私の書籍の内容」が載っていて、患者さんが自由に持ち帰れるように待合室に置いています。

できあがると、「院長、見てください」と持ってきます。

私は「ありがとう」と受け取り、ときどきこう問いかけます。

「これは何のために作っているの？」

「どれくらいの患者さんが持ち帰っている？」

「患者さんの反応は？」

「いのうえ歯科医院にどんな価値をもたらしていると思う？」

「データを取って分析している？」

「評価はしている？」

問いかけるのは、成長してほしい、自分の仕事の価値を問う習慣を身につけてほしい、と考えているからです。

作ることイコール仕事、作ったら終わり、ではありません。

「価値あるものを作りあげてこそ仕事」だと思います。

自分で価値を問い続け、よりよいものに変えていくことで、人は成長できます。

大切な夢を思えば涙が出る。感情が伴う思いは何よりも強い

ここ数年、元総合格闘家で初代ROAD　FCミドル級王者の大山峻護さんにボクシングのトレーニングを受けています。健康のため、体形を維持するためです。

そのご縁で何度か対談をしました。あるときのテーマは目標設定。

ちなみに、私は目的と目標を次のように定義しています。

- 目的（＝ミッション）……自分が、人生で価値があると思うこと。たとえば、「人の幸せになることをしたい」「社会的な実績を積み、貢献する」など
- 目標……目的を果たすために、いま自分がするべきこと。たとえば、「（社会的な実績を積むという目標のために）本を読む」など

大山さんは「目的を忘れた目標は達成するのが難しい」と言っていました。ご自身は、いつも「人に喜んでもらうこと」を目的にしているそうです。

「試合に勝つ」という目標を達成したかったのも、「厳しい練習に耐え続ける」という目標を達成したかったのも、「自分を含めた周囲の人を喜ばせる」という目的を果たすためだったと思います。

大山さんは、「人に喜んでもらうこと」は人生の中で最大のモチベーションになるし、自分が人生でいちばん得たいものだ、とも言っています。私も同感です。歯科医師としては、高価な治療を選んでくれることより、治療を終えた患者さんが「治してよかった」と喜んでくれることが、嬉しいし、モチベーションにつながります。

自分は何のために生きているのか、目的を明確にして、その目的に向かって生きることが、幸せだと思います。

では、目的はどうやって明確にしていくのか。

【目的を明確にする方法】
現在の夢や目的をイメージし、感情が伴っているかどうかを確認する

自分がその目的を達成したと想像したときに、どれほど「嬉しい」といった喜びの感情が湧いてくるかどうかです。

あるいは逆に、その目的をあきらめたときに、どれほど「悔しい」といった感情が湧いてくるかどうかを見極めることが大切です。


私は若い頃、アメリカのニューヨーク大学に留学して、インプラントを学びたいと思っていました。自分の成長のためです。

でも、ちょうどその頃、自分と家族が一緒に乗っていた自動車が大変な交通事故に遭いました。家族の容体が落ち着いていくなかで、この夢を人に話したとき、「この状況では、アメリカ留学の夢はあきらめざるをえない」と思った瞬間がありました。そのとき、自分の目からとめどなく涙があふれだすのを感じました。

涙があふれるほど、アメリカ留学が自分にとって本当に大切な夢だったのだと、思

い知りました。感情が伴わない夢や目的は、自分が心から欲しているものではない可能性があります。

バランスのよい目的が人生を豊かにする

目的を設定する際は、次の5つに細分化します。

- 人生
- 仕事
- お金
- 人間関係
- 健康

仕事と人間関係の目的が違ったり、お金と健康の目的が異なったりする場合があるからです。仕事とお金、人間関係、健康のそれぞれの目的が、人生の目的とつながっていることが大切です。そして、それぞれの目的達成のバランスのよさが、人生の豊かさにつながっています。

仕事は頑張っていてどんどんいい役職に上がっていったとしても、人間関係がうまくいっていないのなら、本当の幸せとはいえません。

どんなにお金があっても、健康を害していては、本当の幸せとは言い難いです。

バランスを取りながら、すべてを相対的に上げていくことが大切です。

みなさんの周りを見回してください。人生で成功していて、人間関係もよくて、お金もあって、健康的に生活している人は、いるでしょうか。

もしいるのならば、ぜひ、お手本にしてください。

私自身は、次のように目的を設定しています。

- 人生……社会に影響力をもち、多くの人の夢の実現を応援する
- 仕事……すべての出会った人が笑顔になり、感謝され、尊敬されるように働く
- お金……自分自身と社会に投資と貢献ができる経済力をもつ

・人間関係……出会うすべての人と笑顔を交わし、感謝できる関係である
・健康……常に心身が満たされて行動でき、エネルギーが高い状態である

目的は人それぞれです。それぞれの項目について目的を考えてみましょう。私の目的を参考にしてくれても、もちろんかまいません。

何か選択や行動をする際には、自分が設定した目的を思い出して、意味のある行動、意味のある選択をするように心がけます。

それが、よりよい人生へと導いてくれます。

迷ったときは、「なぜ」を5回唱える

いままで自分が理想とする目標や目的をかなえられないとしたら、自分のうまくいかない理由を探り、そのうえで、「なぜやりたいのか」を自分に問い、自分が本当にやりたい理想なのかを、問いただすことが大切です。

うまくいかないのは、どうやったらうまくいくか（ＨＯＷ）の方法ばかりを考えているからです。本当に大切なのは、なぜやりたいのか（ＷＨＹ）なのです。

なぜ、なぜ、なぜ、なぜと、自分の中の理由が明確になると、人は行動していきます。

自分との向き合い方が浅いから目的が達成できないし、変わることができないのです。

たとえば、「お金持ちになりたい」という目標があったとします。

なぜ、お金持ちになりたいのか？
それは、お金でいろいろなものを買いたいから。
なぜ、お金でいろいろなものを買いたいのか。
それは、豊かになりたいから。
なぜ、豊かになりたいのか。
それは、いろいろな人を豊かにしたいから。
なぜ、いろいろな人を豊かにしたいのか。
それは、人に喜んでもらえるから。
なぜ、人に喜んでもらいたいのか。
それは、人の役に立つ人間になりたいから。

このように「なぜ」を繰り返していくと、本当の理由がわかるようになります。

最終的には「人の役に立つ人間になりたい」と考える人が多いようです。

自己重要感（自分が価値があるという感覚）の欲求よりも、人の役に立ちたいという貢献欲求を満たすほうが、自分の力が多く出るので、目的を達成しやすくなります。

履歴書では「世間の目」を気にしたほうがいい

成長する過程で意識したいのは、自分の人生のプロフィールです。これまで履歴書に書いてきた就職用のプロフィールではありません。

人生のプロフィールとは

「これまでの実績のプロフィール」＋「なりたい自分のプロフィール」

です。

「なりたい自分のプロフィール」を考えることで、いまやるべきことも見えてきます。

結果として、早く目的に近づけます。

人生のプロフィールは次のステップで作ります。

ステップ①「これまでの実績のプロフィール」を作る

自分の人生の棚卸をして、履歴書のように、現段階のプロフィールをまとめます。自分が何をやってきたのか、どんな実績を上げてきたのかを書き出します。

ステップ②「なりたい自分のプロフィール」を作る

どんなプロフィールの自分になりたいのか、自由に考えてみます。

ステップ③「②と①のプロフィールの差」を考える

「なりたい自分」と「現状の自分」の差を埋めるためにするべき行動を考えます。

私は、常に人から見て価値がある人間かどうか、を考えて自分のプロフィールを考えてきました。

社会人になったばかりの頃、私のプロフィール（＝肩書を含む）は「歯科医師」でした。近所の方からも、親戚からも、「お医者さんだから、すごい」と思われていたかもしれません。

私は成長意欲が強かったので、もっとよく見られたい、と思いました。歯科医師の業界のなかでも、一流と思われるプロフィールをもとうと決意しました。そのために、ニューヨーク大学、ペンシルベニア大学、イエテボリ大学で、最先端の歯科技術を学びました。

さらに、一般の人から見ても専門知識が豊富であるとわかるように、大学の臨床教授のポストを得ました。

積み重ねた過去をプロフィールにまとめるのではなく、未来のなりたいプロフィールをイメージして、その実現に向けて行動し、プロフィールを作っていったのです。意識したのは、「どうすれば、自分を『社会から見て価値ある人』に見せられるか」です。

知り合いの出版プロデューサーの男性は、つくる本、つくる本が売れて、多くのベストセラーを生み出してきました。お金の稼ぎ方もよく知っています。彼は最近、地方創生に力を注ぎはじめました。仕事の実績に、社会性の高い活動の実績も加われば、周囲の人が見る彼の価値は一気に高まることでしょう。

自分の価値は自分で高めていけます。未来は自分でつくっていくものです。

「営業職」よりも「英語が得意な営業職」と見られたいのであれば、TOEICで高得点を取ったり、留学をしたりする。「野菜の販売職」よりも、「知識が豊富な野菜の販売職」に見られたいのであれば、野菜ソムリエの資格を取るのもいいのかもしれない。

一般の人が見てわかりやすい資格や経験であれば、多くの人から「価値がある人」と思ってもらえます。

明日の自分が、どんな価値のある自分でありたいですか。

どんな自分でありたいか、「なりたい自分のプロフィール」を、ぜひ、考えてみてください。

「早速○○しました」は、成長できる最強フレーズ

私はこれまでに80冊以上の本を書いてきました。

本ができあがると、仕事を手伝ってくれるスタッフや知り合いに献本します。成長のために「若いうちに読んでほしい」と思いますので、若い方に渡すことも多いです。「勉強になることもあると思うから、読んでみて」と。

すると、受け取ったその日や次の日に、

「本、早速拝読しました。○○ということがとても勉強になりました。周りの人にも薦めたいです。ありがとうございました」

といった感想とお礼をメールで送ってくれる人がいます。

著者として大変嬉しいことです。本を書いたら当然読んでもらいたいと思いますし、読者がどんな感想をもつかは、気になるところです。それが、ポジティブな感想であ

れば、なおさら嬉しい。こんなふうにすぐに感想を送ってくれる若い人はまれですので「いい奴だな」と思って心に残ります。

「この人からはいろいろなことを学びたい」と思う相手から、何かを薦められたら次のように対応します。

すぐに試す（行動に移す）＋感想とお礼を伝える

すると、相手は「また次も教えてあげよう」と思ってくれます。

何も難しいことはありません。たとえば尊敬する上司から、「あそこのランチの焼き魚定食は美味しいよ」と教えてもらったら、すぐに行ってみて、「早速、今日行ってきました。焼き魚定食、最高でした。ありがとうございました」と報告するだけ。

ささいなことですが、積み重ねていくと、いい印象も積み重なり、あなたに対する印象そのものが、よくなっていきます。

簡単だけれどほとんどの人がやっていない好印象をもってもらえる方法です。

叱られる人は得をする

現代は、会社などの組織で、叱責されたり、指導されたりする機会が減っているようです。

上司や先輩が、部下を叱責するのをためらっているのです。

30～50代の管理職従業員495人を対象にしたある調査によれば、「部下にパワハラだと思われそうで指導しづらいと感じることはあるか」という質問に対して、30代男性の52％が「よくある・時々ある」と答えています（株式会社アスマークによる「上司に聞いた〝叱責〟に関する実態調査」2022年6月）。

人手不足なので、「叱ったことで辞めてほしくない」「いてくれないと困る」というのが本音かもしれません。

指導されない結果どうなるか。

一例ですが、ある企業の方に聞いたところでは、「できないです」と部下が言ってきたら、5の仕事を3に減らすそうです。査定は変えず、仕事を減らす。役職はつかないまま定年を迎えるという流れになるだろう、とのことでした。

指導してもらったり、注意されたり、叱責されるのは、実は成長するチャンスです。

「こうしたほうがいい」「これは違う」と指摘されたことを、素直に受け止め、修正していくことで、仕事ができるようになっていきます。いまの日本社会は残念ながらそのチャンスを奪っているように思えてなりません。

そうした社会でも、できるだけ成長していくには、**「言われやすい人」「指導されやすい人」**であることが大切です。

上司や先輩に何か指摘されたときに、いやな顔をしたり、反発したりせずに、

「ありがとうございます。わかりました」

と素直に答えること。理不尽な指摘と思われる場合を除いて、言われた通りに直すことです。

そうすれば、指摘したほうとしては、指導のしがいもあるし、「指摘してよかった。また教えてあげたい」と思います。成長の片りんが見えたら、なおさら嬉しいでしょう。

言われやすい人柄は、結局、人生で得をします。人間力を高めるチャンスを逃さず、勇気をもって叱られましょう。

第7章

「成長」の習慣　アクションリスト

- お金を稼ぐこと以外の仕事の目的をもつ
- 人の役に立つことを考える
- 仕事の価値を自分自身に問い続ける
- 現在の夢や目的をイメージし、感情が伴っているかどうかを確認する
- 「人生」「仕事」「お金」「人間関係」「健康」の5項目で目的を設定する
- 「これまでの実績のプロフィール」＋「なりたい自分のプロフィール」を意識する
- 「すぐに試す」＋「感想」＋「お礼」

おわりに

成長を求め続けてきたから、「いま」がある

2023年4月、還暦を迎えました。

私は、北海道の帯広で「いのうえ歯科医院」の院長をしながら、自己啓発書の著者として本を書き、コーチやセラピストとしても活動しています。

いのうえ歯科医院は、開業当初から世界レベルの治療の提供を心がけており、地域の方々はもちろんのこと、日本各地から患者さんが来てくださいます。

著者としてのデビューは40代の半ば。処女作がベストセラーになったことも幸いし、執筆依頼は途絶えることなく、これまでに刊行した著書は80冊以上。60歳になったいまも、こうして執筆のご依頼をいただいています。

大変光栄なことに、コーチングやセラピーを求めて、相談に来てくださる方も、後を絶ちません。

60年を振り返ると、つきなみですが、ただただ、出会ってきたみなさんには感謝するばかりです。

本書の担当をしてくれた編集者さんから、

「なぜ、多くの方々が、長きにわたって、井上先生の歯科治療や著書、コーチングやセラピーを求めてくださるのだと思いますか」

と質問を受けました。

突き詰めれば、たった一つの答えに行き当たります。

それは、私がつねに「成長」を求め続けてきたからではないか、ということです。


当然ですが、歯科治療について、少しでも最新の歯科医療を患者さんに提供できるように、昔もいまも学びを怠りません。

私は大学で教壇に立ち、教える立場でもあります。人に何かを教える以上は、学生以上に、学び、成長し続けることが大切だと考えています。

自分の著書を老若男女問わず、一人でも多くの方の手に届けられるように、若い方々が何に興味があるのか、いまの時代の流行は何か、常にアンテナを張って、情報を収集。自分を進化させ、時代に合うコンテンツを届けられるよう努力しています。

日々の暮らしからの学びも多いです。

学びは知識として知っているだけでは学んだことになりません。行動まで起こしてはじめて学んだことになります。

たとえば、こんなことがありました。あるとき空港の保安検査場で並んでいると、前のほうに並んでいた40代くらいの男性が、高齢の方に対して「お先にどうぞ」と、とてもスマートに順番を譲られているのを目にしました。

その心配りが本当に素晴らしく、やはり高齢の方を大切にするのは本当によいことだと改めて思いました。

その次の日にホテルの前でタクシーを待っていると、あとから高齢の方がいらっしゃったので、私は迷わず「お先にどうぞ」とお譲りしました。

いいと思ったことはすぐに行動に移します。

ささいなことかもしれません。しかし、私は

「昨日の自分より1ミリでもいいから、今日成長していたい」

と考えています。

人として、歯科医師として、著者として、コーチとして、成長し続けていきたいのです。

こうした成長への意欲や姿勢が、いろいろな方からのご支持につながり、私の人生を豊かにしてくれているのだと実感しています。

本書のテーマは「人間力」です。

実のところ、私自身、「人間力が高い」かどうかはわかりません。ただし、本書でご

紹介した「人間力を高める7つの習慣」について、絶え間なく考え、努力をしてきたことには自負があります。

本書では、私が「人間的成長」のためにこれまで実行してきたことや考えてきたことのすべてをまとめました。

一人でも多くの方の人生のヒントになれば幸いです。そして、みなさんが高い人間力を発揮して、価値ある人生を送られることを願っています。

井上 裕之

一流の人間力

発行日　2023年５月26日　第１刷
　　　　2023年７月25日　第２刷

Author　井上裕之
Writer　文道 小川真理子
Book Designer　奥定泰之／装丁
クロロス 斎藤充／本文・DTP
Publication　株式会社ディスカヴァー・トゥエンティワン
〒102-0093　東京都千代田区平河町2-16-1 平河町森タワー11F
TEL 03-3237-8321（代表）　03-3237-8345（営業）
FAX 03-3237-8323
https://d21.co.jp/

Publisher　谷口奈緒美
Editor　元木優子　志摩麻衣

Marketing Solution Company
飯田智樹　蛯原昇　古矢薫　山中麻吏　佐藤昌幸　青木翔平　小田木もも　工藤奈津子　佐藤淳基　野村美紀　松ノ下直輝　八木眸　鈴木雄大　藤井多穂子　伊藤香　小山怜那　鈴木洋子

Digital Publishing Company
小田孝文　大山聡子　川島理　藤田浩芳　大竹朝子　中島俊平　早水真吾　三谷祐一　小関勝則　千葉正幸　原典宏　青木涼馬　阿知波淳平　磯部隆　伊東佑真　榎本明日香　王廳　大﨑双葉　大田原恵美　近江花渚　佐藤サラ圭　志摩麻衣　庄司知世　杉田彰子　仙田彩歌　副島杏南　滝口景太郎　舘瑞恵　田山礼真　津野主揮　中西花　西川なつか　野﨑竜海　野中保奈美　野村美空　橋本莉奈　林秀樹　廣内悠理　星野悠果　牧野類　宮田有利子　三輪真也　村尾純司　元木優子　安永姫菜　山田諭志　小石亜季　古川菜津子　坂田哲彦　高原未来子　中澤泰宏　浅野目七重　石橋佐知子　井澤徳子　伊藤由美　蛯原華恵　葛目美枝子　金野美穂　千葉潤子　西村亜希子　畑野衣見　藤井かおり　町田加奈子　宮崎陽子　青木聡子　新井英里　石田麻梨子　岩田絵美　恵藤奏恵　大原花桜里　蠣﨑浩矢　神日登美　近藤恵理　塩川栞那　繁田かおり　末永敦大　時田明子　時任炎　中谷夕香　長谷川かの子　服部剛　米盛さゆり

TECH Company
大星多聞　森谷真一　馮東平　宇賀神実　小野航平　林秀規　斎藤悠人　福田章平

Headquarters
塩川和真　井筒浩　井上竜之介　奥田千晶　久保裕子　田中亜紀　福永友紀　池田望　齋藤朋子　俵敬子　宮下祥子　丸山香織

Proofreader　文字工房燦光
Printing　大日本印刷株式会社

・本書へのご意見ご感想は下記からご送信いただけます。
https://d21.co.jp/inquiry/

ISBN978-4-7993-2948-1
(ICHIRYU NO NINGENRYOKU by HIROYUKI INOUE)

最後までお読みいただき、ありがとうございます。
本書を通して、何か発見はありましたか？
ぜひ、感想をお聞かせください。

いただいた感想は、著者と編集者が拝読します。

また、ご感想をくださった方には、お得な特典をお届けします。